# 企业隐性人力资本：
# 知识转化与核心竞争力提升

Hidden Human Capital in Enterprises:
Knowledge Transformation and Core Competitiveness Improvement

郭殿东◎著

经济管理出版社
ECONOMY & MANAGEMENT PUBLISHING HOUSE

图书在版编目（CIP）数据

企业隐性人力资本：知识转化与核心竞争力提升/郭殿东著 . —北京：经济管理出版社，2021.3

ISBN 978 - 7 - 5096 - 8010 - 0

Ⅰ. ①企… Ⅱ. ①郭… Ⅲ. ①企业—人力资本—研究 Ⅳ. ①F272.92

中国版本图书馆 CIP 数据核字（2021）第 100640 号

组稿编辑：丁慧敏
责任编辑：丁慧敏 吴 倩
责任印制：黄章平
责任校对：董杉珊

出版发行：经济管理出版社
　　　　　（北京市海淀区北蜂窝 8 号中雅大厦 A 座 11 层　100038）
网　　　址：www. E - mp. com. cn
电　　　话：（010）51915602
印　　　刷：唐山昊达印刷有限公司
经　　　销：新华书店
开　　　本：720mm×1000mm/16
印　　　张：10.25
字　　　数：180 千字
版　　　次：2021 年 3 月第 1 版　　2021 年 3 月第 1 次印刷
书　　　号：ISBN 978 - 7 - 5096 - 8010 - 0
定　　　价：59.00 元

# 序言一

吾生殿东博士毕业离我已有近三个年头，最近发来信息让我对其学术专著作序，感慨万千。回顾殿东博士学习历程，也算是大器晚成。在我门下读博十年，三千六百个日日夜夜，十多个寒来暑往，也深知百炼成钢的道理，殿东博士也算其中一个。如今该生年近五旬，又依然舍弃优厚的企业待遇执身投入教育事业，也算是殿东经常向我提起的读博心愿：一直践行想当一名大学教师，传递前身潜学，也算是功德圆满吧。在此对弟子由衷地表示祝贺！

在读博期间，殿东一直在我主持的大连理工大学人力资源研究所学习和研究人力资本方面深度部分"隐性人力资本"，通过研究，取得了突破性进展。研究表明，知识转化有利于促进形成企业隐性人力资本。企业隐性人力资本充分发挥其作用，成为决定企业赢得可持续核心竞争力的必要条件。又把舒尔茨先生的人力资本理论做了推进性研究。

为此，本书在写作过程中，基于以知识转化理论、人力资本理论、隐性人力资本理论以及转化能力理论和企业核心竞争力理论为基础的企业能力理论，从知识转化角度分析出发，对隐性人力资本概念做了定义及维度划分，并综合应用文献研究、调研访谈、多案例研究、专家评审、问卷调查以及包含因子分析与结构方程的统计技术等定性与定量研究方法，开展了知识转化形成隐性人力资本的机理分析和实证检验。目的在于揭示隐性人力资本的形成机理及其对企业核心竞争力的提升作用，进而深化相关研究，为企业人力资源管理和人才培养提供有效理论指导。

本书研究成果如下：

（1）基于知识转化理论视角，明确界定了企业隐性人力资本的概念及构成维度。

（2）开发了企业隐性人力资本的构成维度测量量表并做了检验，得到了统计技术的验证支持。此研究结果对于国内外从事企业人力资源管理的研究者具有一定的参考借鉴价值。

（3）构建了企业隐性人力资本对核心竞争力影响的机理模型，通过检验得到了统计技术的验证支持。

通过研究发现，在战略导向下，有利于增强企业的核心竞争力，对提升我国企业国际竞争力具有实际应用价值，并通过案例研究，对企业如何避免人才外流，如何构建核心团队，如何长期着眼于培育隐性人力资本给出了管理建议。

"十四五"规划提出了科技自主创新，高质量发展战略。希望殿东博士的研究成果对国家发展战略有所裨益。也衷心地希望殿东博士在教学过程中努力加强研究，出成果，出好成果！

一切祝好，勿念！

导师、国学专家：

2021 年 4 月 18 日

# 序言二

　　殷东博士是 2019 年通过人才引进的方式来到我院工作的。今天让我作序，感慨万千，非常高兴！看到简历，殷东博士曾有过长达十六年的企业工作经历和近十载的博士研学，其研究方向和成果都具有重要价值。今天为专著作序，非常荣幸！

　　"隐性人力资本"研究为管理学提供了一个新的课题，如何在企业发展过程中解决掌握核心能力的隐性人力资本培育和积累问题显得尤为重要。研究表明，知识转化有利于促进形成企业隐性人力资本。企业隐性人力资本充分发挥其作用，成为决定企业赢得可持续核心竞争力的必要条件。20 世纪 70 年代，著名经济学家舒尔茨先生提出的人力资本理论认为人力资本是经济增长的关键要素。他在经济学方面取得了开创性研究成果，深入研究了发展中国家在发展经济方面应考虑人力资本要素所起的独特作用，从而获得了 1979 年诺贝尔经济学奖。从此之后，掀起了一股研究人力资本理论的热潮，在 20 世纪末和 21 世纪初，我国培养了一大批研究人力资本的学者，一度将人力资本研究深入到"隐性人力资本"研究方面，由于创新成果难度较大，在近十年有减弱的趋势。

　　为此，殷东博士基于以知识转化理论、人力资本理论、隐性人力资本理论以及转化能力理论和企业核心竞争力理论为基础的企业能力理论，从知识转化角度分析出发，对隐性人力资本概念做了定义及维度划分，并综合应用文献研究、调研访谈、多案例研究、专家评审、问卷调查以及包含因子分析与结构方程的统计技术等定性与定量研究方法，开展了知识转化形成隐性人力资本的机理分析和实证检验。目的在于揭示隐性人力资本的形成机理及其对企业核心竞争力的提升作用，进而深化相关研究，为企业人力资源管理和人才培养提供有效理论指导。在"隐性人力资本"学术研究低迷的态势下，又点亮了一盏明灯，可贺可庆！

"十四五"规划起步之年，殿东博士通过案例研究，对企业如何避免人才外流，如何构建核心团队，如何长期着眼于培育隐性人力资本给出了管理建议，非常有战略意义和应用价值。对包头师范学院全面升级为综合性大学、包头市营商环境下高质量创新发展以及内蒙古自治区乃至国家人才战略的实现有理论和应用价值。

衷心希望殿东博士在学术研究和教学方面再接再厉！多出成果，出好成果。

包头师范学院校长、金融专家：金桩

2021 年 4 月 19 日

# 前　言

随着经济的快速发展，企业成长所需要的人力资本越来越匮乏，就像世界经济发展过程中的能源和水一样越来越稀少，这就要求企业必须寻求新的资源开发途径。这就为管理学提供了一个新的课题——如何在企业发展过程中解决掌握核心能力的隐性人力资本培育和积累问题。研究表明，知识转化有利于促进形成企业隐性人力资本。企业隐性人力资本充分发挥其作用，已成为决定企业赢得可持续核心竞争力的必要条件。

为此，本书基于知识转化理论、人力资本理论、隐性人力资本理论、转化能力理论和以企业核心竞争力理论为基础的企业能力理论，从知识转化角度分析出发，对隐性人力资本概念做了定义及维度划分，并综合应用文献研究、调研访谈、多案例研究、专家评审、问卷调查以及包含因子分析与结构方程的统计技术等定性与定量研究方法，开展了知识转化形成隐性人力资本的机理分析和实证检验。目的在于揭示隐性人力资本形成机理及对企业核心竞争力的提升作用，从而深化相关研究，为企业人力资源管理和人才培养提供有效的理论指导。本书共分为六章，主要研究内容和研究成果如下：

（1）基于知识转化理论视角，明确界定了企业隐性人力资本的概念及构成维度。

本书认为隐性人力资本是指负载于企业个人身上的心理、特质、经验并能够带来价值增值的潜在能力。经过知识转化个人隐性人力资本形成组织隐性人力资本进而形成企业隐性人力资本，能够为企业持续提升核心竞争力。

基于知识理论的显隐性划分及企业研究层面，企业隐性人力资本维度划分为个人隐性人力资本和组织隐性人力资本。本书系统分析了以知识转化形成的隐性人力资本的内部复杂关系。目前国外学者对隐性人力资本研究较少，主要集中在国内，但研究从20世纪末开始，也还不足30年，我国学者对隐性人力资本的研究还处于概念和理论探讨阶段，缺乏对企业隐性人力资本的全面分析和重要性的全面理解。笔者认为隐性人力资本是一个比较新的研究领域，目前国外学者关注度较低，没有引起广泛注意，同时目前此领域在国内外研究尚未成熟，而且通过知网搜索的频率有减少的趋势。为此，本书基于此做了推进性研究。

（2）开发了企业隐性人力资本的构成维度测量量表并做了检验，得到了统计技术的验证支持。此研究结果对于国内外从事企业人力资源管理的研究者具有一定的参考借鉴价值。

通过研究文献可知，大多数学者主要是利用国外人力资本理论对隐性人力资本概念进行表述性研究。部分学者也采用了统计技术做了统计性描述，但没有继续深入探讨对概念及维度进行模型验证。本书在这些学者的研究基础上设计了以个人隐性人力资本构成要素，即个人智力水准、个人价值观以及个人社会关系三个一级指标，以及组织隐性人力资本的构成要素，即情感管理、技术研发协同意愿和组织社会关系三个一级指标的初级量表。共收集了76个题项，采用深度访谈、案例研究、专家评价的方法形成了包含31个题项的隐性人力资本概念初级测量量表。为了更加准确地表述概念，通过问卷再次发放收集，去粗取精、去伪存真，利用统计技术和计算机软件技术做了测定，形成了包含24个精练题项的隐性人力资本概念测定量表。通过量表题项数据分析发现，指标具有高阶性，经过统计分析因子提取，发现具有二阶验证性因子，经过拟合度检验得到了验证。此研究结果对于国内外从事企业人力资源管理的研究者具有一定的参考借鉴价值。

（3）构建了企业隐性人力资本对核心竞争力的影响机理研究模型，通过检验得到了统计技术的验证支持。

通过研究发现，企业隐性人力资本通过知识转化形成后，会形成专有团队隐性人力资本形成能力，隐性知识创新共享能力，隐性人力资本积累能力，这三种能力对企业提升核心竞争力具有生成作用。同时企业的战略导向会对隐性人力资本对核心竞争力的影响起到调节作用。基于这种机理研究，构建了企业隐性人力资本对企业核心竞争力的影响机理研究模型。同样采用量表开发并运用统计方法对模型进行了实证验证。

通过模型的构建及实证研究检验得到支持说明：企业隐性人力资本的长期培育有利于企业实现人力资本的再造。特别是通过知识转化能力的不断提升，在战略导向下，有利于增强企业的核心竞争力，对提升我国企业国际竞争力具有实际应用价值，对企业如何避免人才外流，如何构建核心团队，如何长期着眼于培育隐性人力资本给出了管理建议。

郭殿东

2021 年 4 月 19 日

# 目　录

# 第1章 绪论

## 1.1 研究背景

### 1.1.1 理论背景

美国学者西蒙指出"人类发展的终级资源是人——拥有技术、充满朝气和希望的人",马歇尔强调"一切资本中最有价值的莫过于投在人身上面的资本"。

1970 年以来,越来越多的战略管理领域的学者开始关注核心竞争力以及竞争优势的形成需要的要素理论,主要包括四种理论:定位理论、企业成长理论、企业资源理论、企业能力理论。在本书研究之前,关于企业核心竞争力的研究非常多,比如低成本、产品特性、质量说、顾客价值等,这些都是从市场营销角度表述的,对人所起的载体作用的相关研究比较少。本书认为,对竞争优势的研究应该从企业内部最具能动性和活力的元素——人,即企业员工个人出发。可以说,企业员工个人负载的特殊能力是形成竞争力所需要开发的又一资产,而且是最后一项资产。本书认为,特别是员工个人拥有的蕴藏特质技能,又拥有不可模仿和不可及时向其获取的知识,他们的特质凝聚在企业组织之中是形成企业核心竞争力的基础要素。按照人力资本理论中人力资本分类以知识理论划分，把这种特质要素称为隐性人力资本。

在以知识为核心的知识经济时代，作为知识载体的人在企业发展中日益凸显其重要作用。近年来，国内学者主要关注引进和借鉴隐性知识理论，通过隐性知识的视角开始研究知识资本，认为知识资本的核心是隐性人力资本。传统的人力资本研究往往重视显性人力资本而忽视了隐性人力资本，实际上对企业能够提升核心竞争力的是隐性人力资本。虽然知识资本研究滞后于国外，但隐性人力资本研究却处在开创阶段。目前大多数学者的研究主要集中在概念描述和价值计量方面，对隐性人力资本的概念界定和准确作用还比较模糊，也没有开发出系统的测量工具给予验证。因此本书为了弥补这些缺憾而展开推进性研究，力求在理论上有所创新，在实践中为企业提高隐性人力资本认知水平进而对改善企业人力资本管理提供有价值的借鉴。

### 1.1.2 现实背景

改革开放以来，我国经济快速发展。特别是落后的西部地区，随着国家西部大开发战略的实施，经济也快速发展起来，内蒙古西部也不例外。内蒙古呼包鄂"金三角"经济带是21世纪初伴随西部大开发快速发展起来的一个标志性经济带，一度成为祖国北方经济发展的一颗璀璨明珠，至今形成了拥有稀土、煤炭开采及深加工、电力、军工、钢铁、有色冶金、乳业、畜牧等特色的产业集群，同时给学者提供了丰富的研究素材。本书也鉴于此，通过对内蒙古呼包鄂"金三角"经济带的深入调研和梳理，发现当前其在经济快速发展中取得成功的一个根本动因是对人力资本的重视以及其后续引导作用中积累了以下经验发挥了作用，包括：①以引进核心人才，开发核心人力资本为先导，实现了技术创新，实现了经济效益和社会效益"双丰收"；②通过吸收国内高端人力资本，实现技术创新，是走出困局的关键；③通过及时吸收国内外高端人力资本，实现产业链升级，是取得优异成绩的关键；④依托国家级企业技术中心和院士工作站拥有的隐性高端人力资本大大降低成本，是取得优异成绩的关键；⑤"注重内引外联，吸取成熟经验"、"知识产权保护"和"注重高端紧缺人才培养，提升专利质量"是内蒙古乳业位列世界乳业八强的关键；⑥依托高新创业园特色园区，实现高科技人力资本聚集，构建知识创新共享体系，形成特色专有创新团队，充分积累核心人力资本，增强企业核心竞争力；⑦改善组织结构，提高管理效率，搭建良好的高端人力资本平台，促进区域经济发展。

但是，随着经济的快速发展，由于地区和文化差异，在我国经济发展转型期间，也出现了许多行业"人才流失"、"只顾市场短期利益不顾长远利益"、"企业只顾人力资源数量不顾隐性人力资本培育质量"等人力资本管理错位现象，严重损害了企业乃至国家的经济利益。为此有必要通过研究促使企业提升对隐性人力资本作用的认知。

隐性人力资本研究是我国一项重要的战略研究课题。事实上，隐性人力资本研究在国内刚刚兴起，还缺乏有价值的理论体系作为支撑，目前还处于理论界探索研究阶段。为发现概念在现实中的存在性，本书以内蒙古呼包鄂"金三角"经济带快速发展的实践为背景开始作为研究之路起点，说明了现实企业中隐性人力资本的存在性、重要性。企业重视隐性人力资本的培育和应用，将为企业提升核心竞争力及我国在大国经济崛起道路上实施的人本"赶超"战略发挥巨大作用。

## 1.2 研究目的与意义

### 1.2.1 研究目的

在信息爆炸与全球化的背景下，全世界都被卷入知识经济的洪流中，人类正处于一个新的时代，在这样一个知识、科技急剧膨胀的新时代，经济社会发展的战略资源和主要动力已经向文化知识和科技转移，凝聚了知识技能和智力因素的隐性人力资本已成为最重要的战略资本。经过长期积累，一些特殊人力资本成为了企业重要的核心资源和具备企业异质特性的资产，这也就是企业核心竞争力的源泉所在。在这样巨大的国际环境背景下，国内外学者针对隐性人力资本及企业核心竞争力方面提出了很多经典理论和方法，这些文献大多是相关性研究，对于隐性人力资本准确的定义和构成要素及对企业核心竞争力的影响机理研究很少。为此，本书为了搞清楚隐性人力资本具备何种特征，如何给出确切的定义，构成维度是什么及如何验证，通过何种作用对企业核心竞争力产生影响，整个影响过程中各相关要素间的作用关系是什么及如何验证，以及如何给出一些管理建议，展开了研究，以求明理，推动隐性人力资本研究向前发展，提供实践价值。

### 1.2.2 研究意义

（1）企业隐性人力资本研究具有重要的选题意义。进入20世纪90年代，科技的发展有效地促进了人类进步和经济发展，这期间"人"在推动科技方面发挥了核心作用。研究人力资源向隐性人力资本转变是企业增强竞争力，获得可持续发展的重要研究内容之一，是我国实现"中国梦"面临的挑战之一。这种转变要经过量的积累和质的转化过程。科技是第一生产力，是推动经济增长的助推剂。科技的发展离不开企业知识的生产，而知识和科技是以人为载体的，靠人来掌握、使用和创造的，本质上是人在起作用。所以，对实现人力资源向隐性人力资本的高效转化，特别是隐性人力资本价值的转化研究，有利于推动经济的增长和增强企业核心竞争力，对企业制定战略决策乃至实现国家竞争力的提升，都有非常重要的研究价值。

（2）企业隐性人力资本研究具有重要的理论意义。从目前隐性人力资本研究现状考察可知，此研究领域还处于初级发展阶段。虽然还没有显现权威的理论体系及适用模型，但隐性人力资本作为核心的价值研究代表着新的理论主流。从我国的研究现状可见，知识资本的研究滞后于国外研究，但隐性人力资本的研究却处于领先阶段。由于我国处于社会主义初级阶段，受半殖民地半封建社会历史的影响，企业出现和发展的历史比较短，企业内个人和组织所拥有的隐性人力资本发挥的作用对增强企业核心竞争力有着不可估量的影响。因此，开展对隐性人力资本的理论和实证研究，可以对帮助企业快速适应知识经济发展提供一定的理论基础，对完善人力资本管理职能，提高企业组织人力资本积累机理提供了动态分析，为企业人力资本积累提供了一种方法，丰富了企业人力资本理论和核心竞争力理论。

（3）企业隐性人力资本研究具有重要的实践意义。当前，从我国企业管理普遍状况来看，企业隐性人力资本还没有得到重视和认可，价值体系没有得到全面开发，企业经营一切向"钱"看的思想根深蒂固，不重视隐性人力资本培育的现象在企业界相当普遍，特别是一些非公有制企业由于制度的缺失加速灭亡。隐性人力资本内含的潜在技能和知识占有很大比例，也没有得到很好利用。组织要提升核心竞争力，必须充分激发企业核心团队工作和创造的积极性。本书通过对隐性人力资本能够提升核心竞争力的价值研究，有助于企业组织提升对隐性人力资本的科学认知水平，加强实践应用。

# 1.3 研究内容及方法

## 1.3.1 研究内容

本书以活跃经济带人力资本贡献为出发点，以人力资本理论、知识转化理论、企业核心竞争力理论的回顾评述为基础，可以很清晰地看出企业隐性人力资本理论伴随经济发展开始逐步纳入经济分析的理论框架中并逐步成熟起来。随着世界经济的不断发展，科技日新月异，知识经济的发展使许多国家逐步认识到，隐性人力资本对不同企业的战略价值是不同的。有的以战略市场为导向，有的以战略技术为导向，经过实践检验，技术导向是长期导向，更有利于提高知识转化能力。以战略为导向，以知识转化形成企业的隐性人力资本并逐步成为企业财富的最大创造者，是一个企业乃至国家获取核心竞争力的内生动力，进而隐性人力资本越来越受到各国，特别是一些发达国家的高度重视。企业储存的隐性人力资本，成为垄断行业的唯一条件。拥有这些资本就将成为世界的引领者。

本书共6章，具体章节安排如下：

第1章是绪论。主要阐述研究背景，探究隐性人力资本是企业竞争力的本源，对企业和国家具有战略价值：通过对内蒙古呼包鄂"金三角"经济带代表企业崛起所体现的企业隐性人力资本发挥的巨大作用的研究，提出了企业隐性人力资本的存在性是影响核心竞争力的基础要素。提出了研究思路、目的、方法、技术路线及论文结构安排。

由于隐性人力资本目前研究处于起步阶段，抽象而难以理解。为此，对内蒙古呼包鄂"金三角"经济带支柱代表企业崛起的分析，可以捕捉到隐性人力资本成因及对企业核心竞争力的影响的关键内容。通过分析可知，内蒙古呼包鄂"金三角"经济带支柱代表企业的崛起离不开企业管理者注重把隐性人力资本作为企业长期的培育要素，无论对个人还是对组织而言，长期注重将知识转化为个人隐性人力资本进而集成于组织中，形成强大的组织隐性人力资本。特别注重培育以专有团队隐性人力资本形成能力、知识共享创造能力、隐性人力资本积累能力为基础，形成了独特的企业文化和隐性人力资本培育体系，为内蒙古呼包鄂"金三角"经济带支柱代表企业走向世界，形成核心竞争力提供了不竭的源泉和动力。同时，"人本为先"的发展思想同样值得我国其他地区借鉴。

第2章是国内外相关研究文献评价。通过对学者的文献梳理和评鉴，引入人力资本理论、知识转化理论、企业核心竞争力理论，给出了企业隐性人力资本科学的定义和构成维度划分。以知识转化理论为基础，隐性人力资本基于知识划分方法和企业层面的研究角度，提出了隐性人力资本是由个体隐性人力和组织隐性人力资本构成的二维结构，同时对隐性人力资本基于知识转化的形成条件和作用做了理论分析。

目前国内外学者对隐性人力资本的研究还处于起步阶段，现有的隐性人力资本研究还处于概念和影响效应探讨阶段，缺乏针对企业隐性人力资本全面系统的总结分析。因此，首先以企业隐性人力资本的构念及维度构成为研究对象，分析了隐性人力资本形成的内部因素和外部因素、条件及机制，捕捉到影响隐性人力资本形成的关键因素及对核心竞争力的作用的关键内容。

第 3 章开发了隐性人力资本构成维度测量量表，建立了模型，并对其进行了验证。

根据第 2 章以隐性人力资本的定义和维度划分为研究理论，通过前人研究、问卷调查、案例研究及专家访谈和评审，收集资料得到了隐性人力资本的概念及其构成维度及形成测度隐性人力资本概念的初始量表，并展开了预调研，通过统计分析技术，进一步精练量表题项，通过软件技术对量表的信度、效度及假设做了验证检验。在此基础上开发了企业隐性人力资本的测量量表并对其进行统计技术的验证。

第 4 章开发了隐性人力资本对企业核心竞争力提升的测量量表，建立了结构模型，并对其进行验证。

企业核心竞争力本质上是指企业具有的独特技术、知识的积累及其他竞争对手难以模仿的持久优势。以战略为导向，知识有效转化形成企业隐性资本是企业核心竞争力提升的根本动因，此过程通过充分分析中介能力可以提炼为：专有团队隐性人力资本形成能力、隐性知识创造共享能力、隐性人力资本积累能力，最终作用反映在对企业核心竞争能力的提升结果上。

企业核心竞争力的凝聚，最大内驱力是以战略导向选择为调节进行的知识转化的隐性人力资本的形成过程。由于对隐性人力资本的研究是一个新兴的研究方向，目前国内一些学者的研究都集中在隐性人力资本的概念形成及计量方面，在这点上尝试研究的非常少。

本书以能力理论为依据，建立了隐性人力资本对核心竞争力的影响作用模型。通过前人研究、问卷调查、案例研究及专家访谈和评审，收集资料得到了测量量表。通过提出假设及验证可知：隐性人力资本不足以直接影响企业核心竞争能力，必须以战略导向选择为传导。为此，本书对中介变量做了假设，通过调查数据，利用统计技术和计算机分析软件来验证理论探究的正确性，进而指导实践。

第 5 章介绍了隐性人力资本实践应用的三个案例并对其进行探析。

第 6 章是研究结论与展望。对隐性人力资本研究的三个结论做了总结分析并提出了管理建议，归纳提炼了本书研究的主要创新点，提出了本书在理论和实证中存在的不足及未来改善方向。

### 1.3.2　研究方法

本书遵循"文献—提出命题—案例分析—假设提炼—量表开发—实证检验—提出建议"思路展开研究。

（1）文献研读评述法。首先本书通过对隐性人力资本、知识转化和核心竞争力三大研究领域的国内外理论进行了梳理，在利用知网导入关键词得到了目前各领域研究状况的基础上，明确了本书所关注的核心议题和主要内容。然后通过对基础理论、知识转化形成隐性人力资本机理及对核心竞争力形成的作用及相互关系做了系统分析，奠定了本研究的理论基础，形成了指导后续研究的整体理论框架。

（2）采用定性方法和定量方法研究。在定性研究中，隐性人力资本是源泉和原动力，本身具有本源性、基础性、价值的动态性、外部性、风险承担性、不可替代性、信息载体和处理主体高度专业化、无形性及难以准确计量的特点。在隐性人力资本与企业核心竞争力的研究中借助相关文献进行理论研究，对所涉及的概念进行界定并在此基础上构建和提炼了研究模型。定量研究主要是在此研究范畴的基础上，结合最新研究进展，咨询专家后做出了评价，形成新的量表。为了验证其可信度，对一些企业做了问卷调查，尽力做到定性分析与定量分析相结合。

（3）采用规范分析和逻辑分析。本书对企业隐性人力资本及核心竞争力的形成过程进行了理论推演，构建出企业隐性人力资本、核心竞争力的模型，借此形成隐性人力资本、核心竞争力间的关系量表和研究假设。

（4）访谈调研、多案例研究、专家评审法。本书在开发量表时，除了汲取相关学者的研究成果外，关于题项设计方面，在提出题项时，采用了访谈调研的方法先对提出的题项做了预测，去掉或删除不严谨的得到初步题项，然后通过案例研究及专家评价的方法进一步净化题项，使其更加符合测量量表表达的测量内容。

（5）理论和实证相结合。提炼国内外已有的研究成果，在此基础上构建论文研究模型并提出研究假设。文献评述部分主要参考了大连理工大学图书馆的图文文献资料和相关数据库系统，查阅了大量相关文件，并做了统计分析，最后形成研究概念和研究假设模型。

通过构建 SEM（Structural Equation Modeling，由瑞典统计学家和心理学家 Karl G. Jöreskog 提出）及根据不同属性，统计学家们通常以协方差结构分析、因果建模、潜在变量分析、验证性因素分析等而加以命名。同时开发出一系列统计软件，如 SPSS、LISREL、AMOS、EQS、MPLUS 等应用于 SEM 分析问题。

SEM 分析属性归纳非常实用。本书将采用 SPSS 21.0 和 Lisrel 8.7 软件，利用调研数据分析隐性人力资本形成和对核心竞争力影响的结构方程模型。分析程序如图 1 - 1 所示。

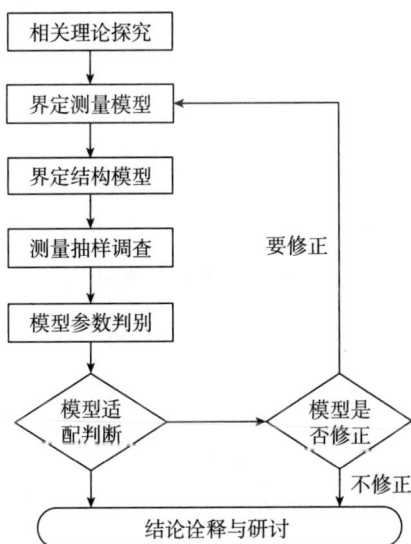

图 1-1 结构方程模型分析的基本程序

# 1.4 技术路线和结构安排

### 1.4.1 技术路线

技术路线是对研究问题的总体规划，是对研究问题的选择、构思、研究过程的展开及科学结论归纳路径的优化选择。在对研究问题的历史文献综述和研究探索的基础上构建理论框架，并通过系统研究历史相关文献、大规模的访谈及问卷调查对理论模型进行验证，以得出可靠、准确的研究结论。本书的技术结构路线如图1-2所示。

### 1.4.2 结构安排

基于以上对研究内容和技术路线的分析和规划，本书整体结构安排见图1-3。

从以上可以看出，隐性人力资本研究结构中共有两个研究模块：

模块一：隐性人力资本构念及构成维度研究，此模块研究是第二个模块研究的基础。以知识转化形成隐性人力资本为基础，设计了隐性人力资本概念二阶因子测量模型，通过模型拟合度检验验证了测量模型的合理性，同时验证了隐性人力资本概念理论分析的正确性。

模块二：主要研究隐性人力资本在正确的战略导向选择下，以知识转化形成隐性人力资本的三种作用对核心竞争力的影响。以理论、实证分析，结合知识转化形成隐性人力资本作用对核心竞争力的影响，认为隐性人力资本作用就是核心竞争力。构建了隐性人力资本对企业核心竞争力影响的关系模型，提出了隐性人力资本对企业核心竞争力的正向促进作用以及知识转化形成隐性人力资本作用的核心竞争力研究假设，通过层次回归分析，检验了各假设中的显著性，同时通过分析得出战略导向中以技术导向为主的显著性验证。

企业隐性人力资本：知识转化与核心竞争力提升

| 第1章 绪论 | 研究意义与理论研究铺垫 | 背景分析 | 提出问题及研究思路 |

第1章 绪论
- 提出研究问题和研究意义
- 研究理论进展
- 研究思路、内容、方法

研究意义与理论研究铺垫

背景分析
- 基于内蒙古"金三角"

提出问题及研究思路

- 理论基础评述

第2章 国内外相关研究文献评价
- 国内外研究评述
- 隐性人力资本定义及结构
- 隐性人力资本作用

- 概念模型
- 隐性人力资本维度分析
- 概念形成及影响因素

第3章 企业隐性人力资本概念界定与测量
- 主要影响因素识别
- 关系假设
- 统计分析及路径形成

- 隐性人力资本作用分析
- 理论模型构建

第4章 隐性人力资本对企业核心竞争力作用的实证研究
- 关系假设
- 实证检验验证
- 实践应用探析

概念测量及实证研究

第5章 隐性人力资本实践应用案例探析

第6章 研究结论与展望

结论及未来方向

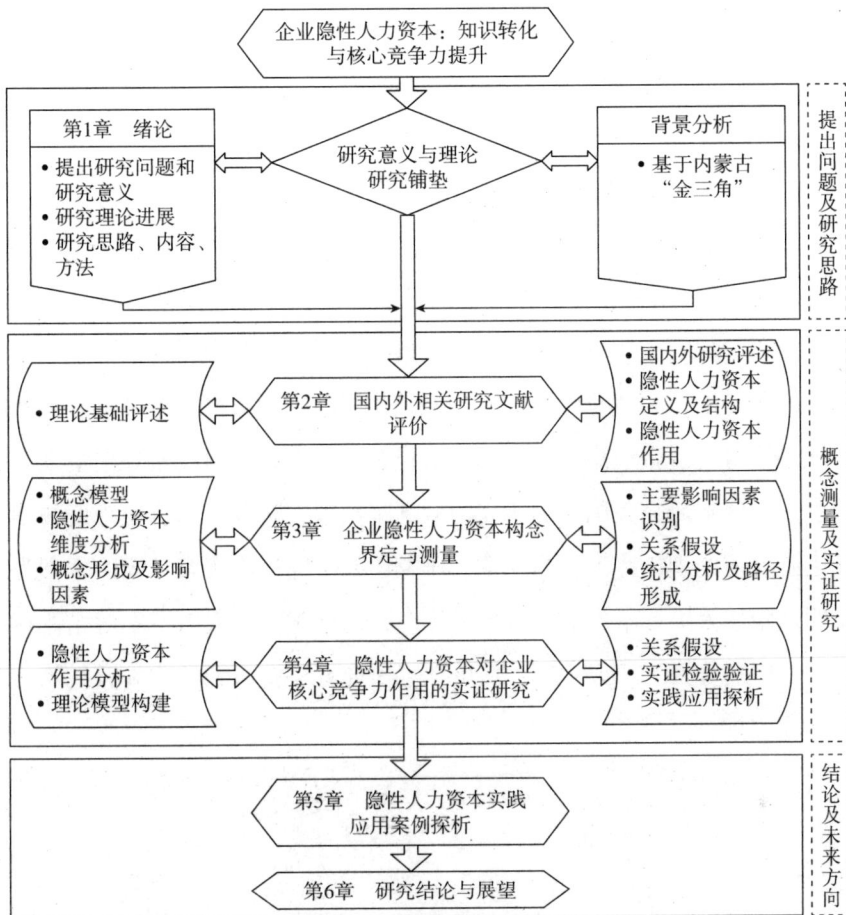

图1-2 本书的技术路线

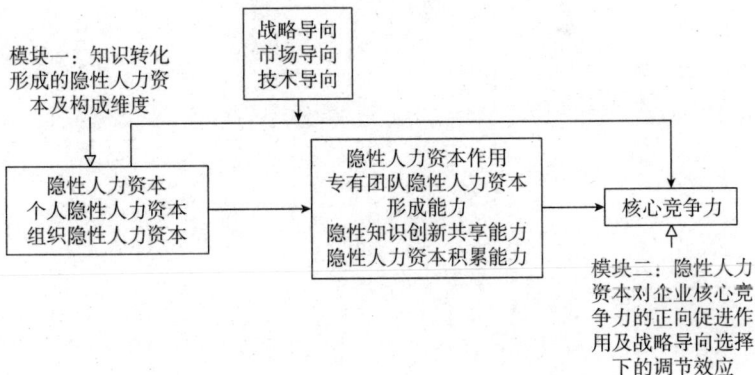

模块一：知识转化形成的隐性人力资本及构成维度

战略导向
市场导向
技术导向

隐性人力资本
个人隐性人力资本
组织隐性人力资本

隐性人力资本作用
专有团队隐性人力资本形成能力
隐性知识创新共享能力
隐性人力资本积累能力

核心竞争力

模块二：隐性人力资本对企业核心竞争力的正向促进作用及战略导向选择下的调节效应

图1-3 本书整体结构安排

# 1.5　本章小结

　　本章是绪论部分，通过对内蒙古呼包鄂"金三角"经济带的转型发展分析为起点，说明了现实企业中隐性人力资本概念的存在性及发挥的巨大作用。本书研究对增强企业的核心竞争力有战略意义，是我国一项重要的战略研究课题。

　　知识经济时代，企业隐性人力资本依托企业市场和技术战略导向集聚竞争优势。隐性人力资本研究在国内的研究领域刚刚兴起，对概念和构成维度的划分目前还缺乏有价值的理论体系作为支撑，研究还处于理论界探索阶段。本书为了更进一步明确隐性人力资本的概念及构成维度，以探索隐性人力资本对企业核心竞争力提升的影响要素为研究主题，并确立了研究方法及研究的基本路线等，对文章做了结构安排。

# 第2章 国内外相关研究文献评价

## 2.1 基础理论

### 2.1.1 人力资本理论

（1）西方学者人力资本理论思想述评。20世纪60年代，学者们对古典经济学的批判使现代人力资本理论逐渐建立起来，对经济学和管理学产生了深远影响。在形成过程中，人力资本理论经历了从萌芽、诞生到不断发展完善的漫长过程。在这个过程中，许多著名经济学家都从不同方面不同角度阐述了人力资本的观点和思想。总结如表2－1所示。

表2－1 国外学者对人力资本的定义

| 时期 | 作者 | 时间 | 定义 | 关键描述 |
|------|------|------|------|----------|
| 古典经济学 | 亚当·斯密 | 约1676年 | 固定资本和流动资本、人力资本投资多种形式、教育问题及劳动复杂程度等 | 投资活动 |

续表

| 时期 | 作者 | 时间 | 定义 | 关键描述 |
|---|---|---|---|---|
| 新古典经济学 | 马歇尔 | 19世纪末 | 为了人类生存而创造财富 | 人口（数目、体力、知识和性格）发展 |
| 现代人力资本理论（西方学者） | Schultz T. W.（1961），Mincer J. J.（1962），Denison E. F.（1962），Becker G. S.（1964），Bowman M. J.（1969），Blaug M.（1976），Pascharopoulos G. 和 Woodhall M.（1985），Romer P. M.（1990），Becker G. S.（1993），Bontis N. A.（1996），Fitz – Enz J.（2000），David P. 和 Lopez J.（2001） | 20世纪中叶、20世纪末和21世纪初 | 人身上能够获得回报、提高劳动生产率、加快经济增长的各种能力、知识和素质，是企业最重要的资本形式 | 经济增长、提高生产率、建立竞争优势 |

资料来源：笔者根据相关文献整理。

从表2-1总结分析可以看出，半个多世纪以来，国外人力资本概念经历了不同学者的研究并提出了不同观点。舒尔茨和贝克尔把人力资本观点发展成为确定收入和分配的一般理论；丹尼森强调教育投资对经济增长的重要性，但没有提出知识转化形成人力资本的内因；罗默提出"内生性的知识创造"对人力资本作用的肯定；最具创造性的研究是罗默和卢卡斯把人力资本作为研究工具引入新增长理论中并实证分析了各国和地区经济增长差异。知识创造赋予人力资本有别于物质资本，显示了人的重要性。

（2）国内人力资本相关研究述评。随着学者们对人力资本研究的深入，其逐步传入我国，同时逐步接受了舒尔茨等学者对人力资本所下的定义和学术思想。对我国人力资本研究提供了坚实的理论基础。同时伴随着我国改革开放步伐，国内研究带上了不少本土化元素。我国学者对人力资本的定义如表2-2所示。

表 2－2　国内学者对人力资本的定义

| 时期 | 作者 | 时间 | 定义 | 关键描述 |
|---|---|---|---|---|
| 20 世纪末，21 世纪初 | 刘迎秋（2011），李忠民（2007），王金营（2003），权锡鉴（2009） | 1997～2004 | 通过有意投资活动得到的知识、技术、创新概念和管理方法等价值总和 | 具有知识价值，投资获得 |
| | 李建民（2010），温海池（2008），冯子标（2012），姚数荣、张耀奇（2008），姚宝刚（2015），丁栋虹（2007），兰玉杰（2009） | 1999～2004 | 增加未来效用或实现价值增值，知识、技术、信息等的总和 | 知识是资本中的要素，具备增值性 |
| | 魏杰（2001），李宝元（2009） | 2001～2009 | 人力资本不同于劳动，通过投资形成 | 知识和技能的维持和增进 |
| | 蒋满霖（2004），莫志宏（2004），俞荣建（2005） | 2000～2005 | 表现为知识、技能、健康和经验等具有一定价值存在于人身上的一种特殊资本 | 表现为知识形式，特殊资本 |
| | 何承金（2010） | 2000 | 视为教育投资、科学研究费用、卫生保健费用等 | 作为一种学习知识费用，投资性 |
| | 桂昭明（2015） | 2003 | 人才资本能够给企业带来经济优势，同时具有集聚优势的特质 | 具有集聚经济优势人才 |

资料来源：笔者根据相关文献整理。

　　我国已经成为世界第二大经济体，以知识为基础的智力资本及人才资本观得到了党中央国务院及各级政府、各界学者及经济学家的高度重视，同时我国制定了中长期人才培养战略。

从知识划分的角度，我国一些学者所研究的"人才"资本就具备"隐性资本"的特性。桂昭明（2015）强调这种隐性人才资本具有以人为载体的不可分离性、不可随意转让、与人的生命周期相联系、无限性、受个人偏好影响、负载在人体中等特征，能够给企业带来经济优势，同时具有战略意义。这也是我国本土化的创新型研究，并随着我国经济取得的实际成果得到了国外学者的认可。舒尔茨指出，人力资本之所以是资本，是"因为他是未来满足和未来收益的源泉或两者的源泉"。

（3）人力资本特性。从以上国内外学者研究总结可知，人力资本作为一种特殊资源，相对于非人力资本具有以下特征：①投资获利性；②主体性和能动性；③资本性；④社会性；⑤再生性。由此可知，人力资本兼具"人力"和"资本"特征，从劳动力角度讲，人力资本具有投资收益性和增殖性；从物资资本角度讲，人力资本具有异质性和边际收益性，及人身依附性；从企业提升能力角度讲，能够为企业集聚竞争优势。

（4）人力资本界定要点。从以上研究总的来看，各界普遍认可人力资本是凝结在人身上的知识和技能及其他精神等"人力"，它可以作为获利手段使用的"资本"。通过投资形成，对教育培训等投资提高了个人能力和素质，同时提高了人力资本载体带来的收益、劳动生产率和产出。还有一种观点认为人力资本是一项能够增加企业优势、提升竞争力的最后资产，对企业具有战略导向性。

（5）研究现状。从以上人力资本概念形成的历史沿革及对人力资本特性分析来看，人力资本最初诞生于20世纪60年代，是人力资本研究的黄金时期。但在20世纪70年代后期，人力资本研究进入萧条期，甚至遭到人们的怀疑。直到20世纪90年代乃至21世纪时，随着知识经济的兴起，人力资本的研究又逐渐开始升温，但对通过知识转化途径提升企业竞争优势的研究比较少。

经过对人力资本的历史演变研究和2000～2018年知网（以下简称CNKI）中对"人力资本"题名检索（默认中英文扩展检索）的分析，目前大多数学者的研究论文最主要集中在经济学领域，如图2－1所示。对在计量研究中，如何选择数据、计量方法以及模型取得好的计量结果的研究论文占 8%；对人力资本与经济增长的内在机理研究论文占 8%；对外部环境与制度的影响研究论文占 5%；在组织管理学领域主要是无形资本、产权的研究论文占 78%。但从以上分析可见，对人力资本形成过程的研究占比不足 1%，可见理论界目前对形成机理的研究关注比较少，特别是驱动力要素分析及对企业能力有多大程度的关联性强度影响的研究只有 0.12%。为此有必要研究人力资本的核心分类部分，即这部分资本形成需要的知识驱动要素和企业能力等相关内容，这也是未来人力资本研究必须彻底研究清楚的地方，非常有现实和战略意义。

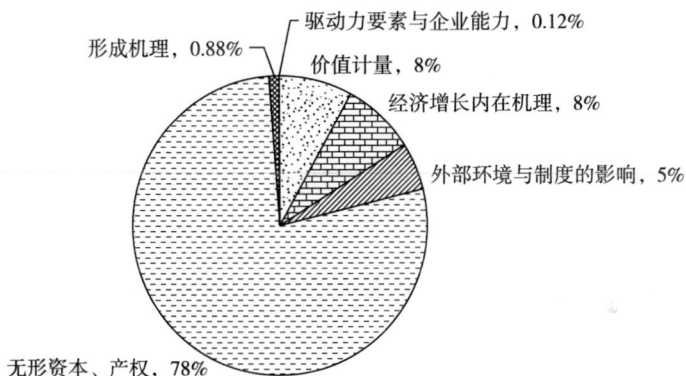

图 2-1　2000~2018 年篇名含"人力资本"的研究论文分类统计图

资料来源：检索范围为 2000~2018 年对"人力资本"CNKI 题名检索（默认中英文扩展检索）。

### 2.1.2　知识转化能力理论

企业组织知识的成功转化是实现企业隐性人力资本的必要条件，知识转化能力理论是研究企业组织对知识的整合和转化问题，企业要建立持续的竞争优势，必须想方设法促动企业组织构建知识转化能力。Garud 和 Nayyar（2013）关注企业关键资源的平衡，指出技术和产品是知识的外在表现，其发展即为知识开发过程，由于知识向量间的进展速率不同造成了知识开发的瓶颈。由于技术知识开发和产品供求之间的不同步，产生了知识转化的强烈需求，从而将技术知识及内化技术的产品知识通过知识转化的方式转移到人力资本中，实现成功转化。

知识转化理论是现代企业能力理论中的一部分。20世纪80年代，企业能力理论在企业资源理论、核心能力理论、知识理论等古典能力理论基础上出现了新的流派。学者们开始对能力理论进行内在逻辑及其结构的重新探析，更加重视组织知识本身、结构的进化及其与环境变化相匹配的过程并重新将企业能力进行了划分，分别为企业动态能力、吸收能力和转化能力。

动态能力强调知识与动态环境的整合，吸收能力理论是企业对外部知识整合和利用的一系列惯例和过程，具有路径依赖和领域限制的特点，存在于企业个体和组织两个层面上。转化能力理论在前两个能力基础上，主要研究的是个人和组织之间以及组织之间的转移和整合。其目的就是为了使企业可以获得持续的竞争优势，而要适应不断变化的外部环境（本书即战略导向性），使个人转化为组织，组织转化为企业。其中组织知识转化为企业隐性人力资本是转化能力的重中之重。

影响知识转化的因素有三类：复杂度、模糊度和系统性。复杂度代表知识信息容量，代表知识转化所需要的信息量。模糊度指知识是否可清晰表述，比如隐性知识难以描述。系统性是指知识的转化同相互关联的知识向量的共同转化。

复杂度代表专有团队人力资本积累，模糊度代表知识创新共享条件下人力资本显性和隐性的互动关系，系统性代表人力资本通过技术网络和管理创新一同转化的积累过程，这就是竞争力传导作用的三个具体驱动因素。转化能力的形成取决于三项基本战略任务，见表2-3。本表也清晰地反映了知识转化的内在复杂关系，通过三项任务形成核心竞争力能力要素，最终对企业核心竞争力产生影响。

表 2 - 3　转化能力形成的三个核心步骤

| 知识转化要素 | 战略任务 | 核心竞争力能力要素 | 影响结果 |
|---|---|---|---|
| 复杂度 | 默会技术具有未来战略价值，不确定性技术同样具有未来战略价值，需要专有团队形成能力 | 专有团队人力资本形成能力 | 人力资本通过战略导向，提升核心能力 |
| 模糊度 | 多媒介反复共享交流，保持企业的灵活性能力 | 隐性知识创新共享能力 | |
| 系统性 | 相互关联的知识向量的一起转化，保持积累生态系统不僵化，促进企业人力资本有效积累能力，核心能力持续提升 | 人力资本积累能力 | |

资料来源：笔者根据相关文献整理。

### 2.1.3　企业核心竞争力理论

（1）核心竞争力的基本内涵。Prahalad 和 Hamel 认为核心竞争力是公司中积累的学识，库姆斯（1996）则认为企业核心竞争力是企业的技术能力和组织能力，Lynch（1997）认为核心竞争力是技能、知识和技术的整合，Covne 等（2011）给出的定义为核心竞争力是群体或团队中根深蒂固的、互相弥补的一系列技能和知识的组合，借助该能力，能够按世界一流水平实施一项或多项核心流程，Raffa（2001）认为企业核心竞争力蕴藏在企业文化中，Teece、Pisano 和 Shuen（1990）指出核心竞争力就好似能给公司在某一特定领域带来竞争力和持续优势的一组差异化技术、互补资产和惯例，Hellelofd 和 Bomard（1994）认为核心竞争力包括了组织独特人力资源、物资的和组织的协调性资源能力，梅约和厄特巴克认为核心竞争力是指企业的研究开发能力、生产制造能力和市场营销能力，Nonaka（1989、1991）指出公司的核心能力指的是公司能够持续不断创造知识的能力，Barton（1992）把公司的核心竞争力定义为能够给公司带来核心竞争力的知识体系，芮明杰、陈晓静、王国荣（2008）认为公司核心竞争力本质上是隐性知识。通过以上研究可知，知识通过转化形成隐性人力资本越来越对提升核心竞争力有促进作用。知识转化为隐性人力资本的三个核心步骤代表着三个企业核心竞争力的要素指标。

本书对核心竞争力定义为企业通过知识转化形成的特殊人力资本，在战略导向作用下，以企业专有团队隐性人力资本形成能力、隐性知识创新共享能力、隐性人力资本积累能力为维度，能够使企业不断拥有独特创新能力和不断持续创造高于其他企业的经济和社会价值，使其他企业难以及时模仿和赶超，蕴藏于企业内部的一种根深蒂固、不断强化的企业隐性人力资本的核心作用。

（2）核心竞争力的特性。Prahalad 和 Hamel（1990）认为核心竞争力具有多个市场的潜在路径，能够提高企业的效率，竞争对手难以模仿的特质，企业隐性人力资本积累能力，保证了企业生态系统不断净化而不僵化，保证了竞争对手难以模仿，使竞争力不断增强。Gerry Johnson（2002）和闫旭晖（2007）都认为核心竞争力具有显著增值性、领先性（竞争性）、延展性、持续学习性。个人隐性人力资本通过形成专有团队隐性人力资本，显著增强了企业组织的核心竞争力；个人、团队、组织集体对隐性知识创新共享学习，使个人隐性人力资本不断内化于组织系统，增强了组织的核心竞争力。

基于企业核心竞争力理论和知识转化理论认为，核心竞争力的本质是专有团队人力资本形成能力、知识创新共享能力、人力资本积累能力。

从人力资本角度研究企业核心竞争力及特性，如表 2 - 4 所示。

以上学者对企业核心竞争力理论虽然研究的角度相同，但内容和形式各有侧重，表述各异，他们对核心竞争力本质特征的认识是相近的。通过表 2 - 4 梳理发现，基于人本观点，企业核心竞争力具备三种特性，即难以模仿的专有团队形成、持续知识创新共享学习、人力资本积累。

表 2 - 4  企业核心竞争力及特性

| 基本观点 | 作者 | 企业核心能力含义解说 | 特性 |
|---|---|---|---|
| 特殊能力 | Romanelli E.（2011） | 比其他组织做得更好的特殊能力 | 难以模仿的专有团队形成；持续知识创新共享学习；人力资本积累 |
| 基于组织和系统观 | Prahalad 和 Hamel（1990） | 强调公司积累学识、技能和技术的融合和传播能力 | |
| | Fiol C. M. 和 Lyles M. A.（2013） | 知识、技能的结合能够按一流水平实施的核心流程 | |
| 基于知识观 | Richard Lynch（2014），库姆斯（2013） | 技能、知识和技术的团队整合形成能力 | |
| | Nonaka（1989、2015），Barton（1992） | 不断创造知识的能力和能够带来竞争优势的知识体系，并不断知识共享 | |
| | 李悠成 | 实质是无形资产 | |
| | 芮明杰、陈晓静、王国荣（2008） | 隐性知识，带来用户价值，难以模仿和替代的专有资本 | |
| 基于技术、技术创新 | Teece、Pisano（2011） | 技能、资产和规则 | |
| 基于文化观 | Raffa（2011） | 共同的企业文化认可下人力资本积聚 | |

资料来源：笔者根据相关文献整理。


# 2.2  隐性人力资本相关理论

## 2.2.1  隐性人力资本的特性及概念界定

隐性人力资本概念在 20 世纪末逐步形成，在 21 世纪初正式提出。伴随着知识资本理论、转化能力理论和人力资本理论逐步发展成熟，显性人力资本是可以直接计量的，通过财务数据可以表达其数量和价值。隐性人力资本由于其隐蔽性、难以计量性，在国内外学者研究中，国外学者研究的比较少，主要集中在国内。本书经过梳理总结如下，见表2-5和表2-6。

表2-5　国内外学者对隐性人力资本的定义

| 角度 | 学者 | 时间（年） | 定义 | 关键词描述 |
|---|---|---|---|---|
| 初期人力资本含有隐性思想角度 | Schultz T. | 1961 | 人力资本分为一般型、技能型、管理型和专家型，技能型和专家型更有特质 | 不能够编码不易交换，内隐和具有特质的知识 |
| | Michael Polanyi | 1966 | 隐性知识 | |
| | Romer P. M. | 1966 | 知识已成为最重要的生产要素和企业竞争的源泉 | |
| | 彼得·F·德鲁克 | 2009 | 隐性知识是源于经验和内容的 | |
| | Morrison 和 Wilhelm | 2011 | 指不能够编码和交换的人力资本 | |
| | 姚树荣、张耀奇 | 2013 | 投资于未来效用或实现价值增值 | |
| | 何海涛、刘慧娟 | 2011 | 人力资源数量和质量 | |
| 生产经营角度 | 郑伟、王月红 | 2014 | 企业组织中指潜在的、流动的及实际的人力资本 | 在组织关系中形成 |
| 知识资本角度 | 李忠民 | 1999 | 依附于人身上的知识、技术等总和；是一种隐性知识 | 存在于个人或组织关系中的创造力和价值体系 |
| | Nonoka | 1995 | 提出了知识创造的螺旋理论，知识分为显性和隐性 | |
| | 芮明杰 | 2002 | 知识资本核心构成是个人的知识资本即个人隐性人力资本 | |
| 知识资本角度 | 郭玉林 | 2012 | 指存在于员工头脑或组织关系中的知识 | 以知识存在和表达，存在于个人或组织关系中，不容易被编码，难以扩散和模仿，竞争优势的核心来源，对企业具有战略意义 |
| | 隋广军、曹洪涛 | 2003 | 认为舒尔茨的人力资本基于知识维度，应分为显性人力资本和隐性人力资本 | |
| | 包金玲 | 2010 | 人力资本的价值由显性人力资本和隐性人力资本构成，无法用货币计量 | |
| | 姚艳红 | 2013 | 有价值的知识，隐性人力资本存在于个人和组织中 | |

续表

| 角度 | 学者 | 时间（年） | 定义 | 关键词描述 |
|---|---|---|---|---|
| 知识资本角度 | 岳斌 | 2003 | 隐性人力资本是看不见，摸不着的知识，具有不可模仿性和长久性 | 以知识存在和表达，存在于个人或组织关系中，不容易被编码，难以扩散和模仿，竞争优势的核心来源，对企业具有战略意义 |
| | 刘善球 | 2005 | 隐性人力资本是存在于组织关系中的知识创新源泉，对企业具有战略意义 | |
| | 李汉通 | 2013 | 折算法计算企业隐性人力资本默会知识存量的价值 | |
| | 叶正茂、叶正欣 | 2014 | 共同经验、内隐知识的把握、重组 | |
| | 刘玉斌 | 2008 | 通过教育投资、"干中学"获得的难以被模仿、传授的社会关系资本和情感资本 | |
| | 刘文、罗永泰 | 2008 | 通过"干中学"得到积累 | |
| | 王士红、彭纪生 | 2014 | 隐性知识深藏于员工个人的价值观念与心智模式中；隐性知识是企业进行知识创新和形成核心竞争力的基础和源泉，对企业有战略意义 | |
| | 易法敏 | 2015 | "知识势力－差"；利用这种"势差"，个人隐性人力资本转化为组织资本，成为组织竞争优势的核心来源 | |
| | 彼得·F·德鲁克 | 2012 | 隐性知识是源于经验和内容的 | |

资料来源：笔者根据相关文献整理。

从以上国内外学者的研究总结得出，隐性人力资本具有以下特征，总结见表 2-6。

表 2-6　隐性人力资本的特性

| 隐性人力资本特征 | 描述 |
|---|---|
| 本源性 | 除具有一般人力资本特征外，还具有不可模仿性，是竞争优势的本源 |
| 不可替代性 | 竞争优势的体现 |
| 基础性 | 以隐性知识表达 |
| 载体性和产权属性 | 隐性知识的载体，以个人为载体或转化为以企业组织为载体的权属特征 |
| 价值的动态性 | 个人隐性资本依赖企业制度和组织 |
| 外部影响效应 | 隐性人力资本发挥作用受人力资源环境等影响 |
| 战略导向性 | 隐性人力资本战略导向的调节效应 |

资料来源：笔者根据相关文献整理。

综合以上分析，国内外学者研究观点不一，但普遍都认为隐性人力资本具有不可替代性及价值增值性。本书界定的隐性人力资本定义是：隐性人力资本是指负载于企业个人身上的心理、特质、经验并能够带来价值增值的潜在能力。经过知识转化个人隐性人力资本形成组织隐性人力资本进而形成企业隐性人力资本，能够为企业持续提升核心竞争力。

### 2.2.2　隐性人力资本构成结构要素分析

基于人力资本特性，国内外学者对隐性人力资本划分为以下几类：

（1）基于价值创造来划分，刘玉斌（2008）在研究高技能人才隐性人力资本分析时做了划分，见表2－7和图2－2。

表2－7　基于价值创造隐性人力资本构成要素

| 分类条件 | 构成维度 | 依据 |
|---|---|---|
| 价值表达 | 已识别隐性<br>意识半隐性<br>价值半隐性<br>完全隐性 | 过程形成 |
| 价值创造与识别 | 真隐性<br>伪隐性 | 识别关系 |
| 企业层次 | 普通型、管理型<br>技术型、企业家型 | 组织层次 |

资料来源：笔者根据相关文献整理。

（2）三元结构理论。英国哲学家米切尔·波兰尼把隐性知识三元结构看成是一切认知活动的内在机制，把三元相互作用结果看作隐性知识传递，如图2－3所示。隐性知识是建立在集中意识和辅助意识的动态关系之上，隐性人力资本的形成过程是一个由此及彼的三元相互作用的形成过程。

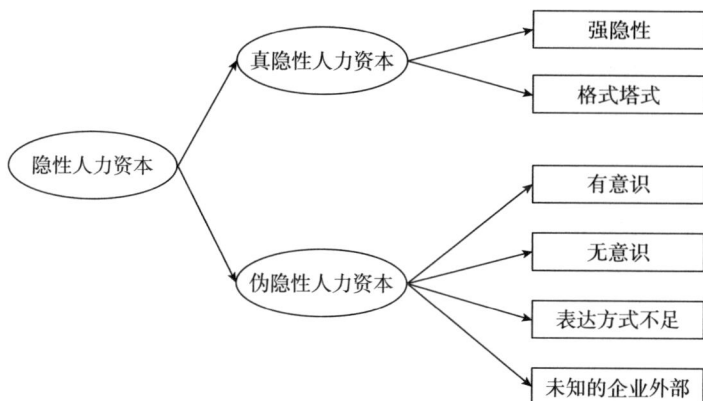

图 2-2　价值创造与识别的隐性人力资本类型

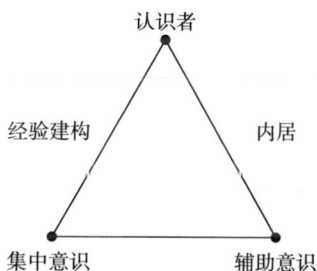

图 2-3　隐性知识三元结构

（3）五元结构理论。在关于研究隐性知识基础上，有些学者提出了五维度：元认知、价值观、情感、人际和专业，体现为个人心智模式、个人动机和内在动机及自我发展、情感交流、团队合作、组织保持竞争优势所需知识。从总结来看前三个是关注个人的，后两个是关注组织的。

（4）二元结构理论。日本学者野中郁次郎提出知识螺旋理论，将知识划分显性知识、隐性知识，并提出隐性知识归属的问题。按照知识分类方法，隐性人力资本分为个人隐性人力资本和组织隐性人力资本两个维度。

隐性人力资本基于层次分类见表 2-8。

表 2 - 8　隐性人力资本的层次分类

| 构成 | 类别层次 | 个人层次拥有 | 组织层次拥有 |
|------|---------|------------|------------|
| 智力人力资本 | 技能类 | 物化在技术创新和产品服务中 | 产品开发、生产和服务过程附加的隐性知识 |
| | 经验类 | 技术创新过程中，个人体验和工作认知 | 发现并解决问题共享的经验和方法 |
| 情感人力资本 | 认知类 | 创造性思维和解决问题能力 | 企业文化、组织惯例、伦理、语言、共同愿景 |
| | 信仰类 | 个人价值观、奋斗目标和个人信仰 | 企业对知识、人才价值的基本判断、协同运行机制 |
| 社会人力资本 | 经验类、认知类 | 社会网络结构、社会关系、个人声誉 | 社会网络及个人在网络中的地位 |

资料来源：笔者根据相关文献整理。

　　智力人力资本、情感人力资本以及社会人力资本是以知识为纽带联系和互相交织的，都是存在于个人和组织层面的，如图 2 - 4 所示。

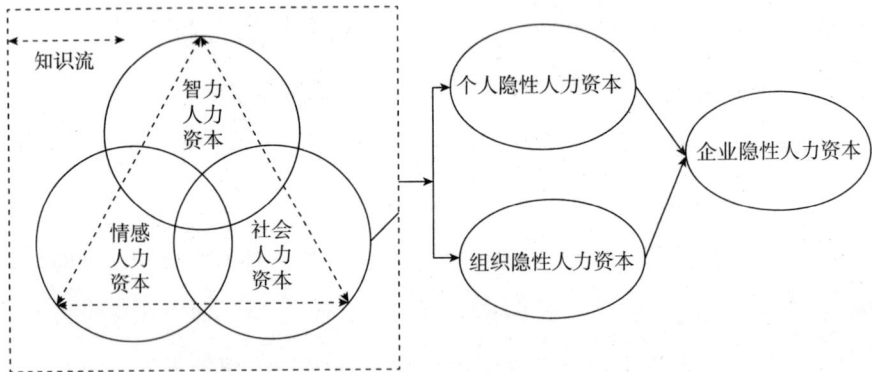

图 2 - 4　基于层次分类的隐性人力资本构成要素

　　从文献内容分析可知，现阶段都逐步转向对隐性人力资本形成的原因分析以及对企业的绩效和竞争优势建立上来。从以上分析来看，二元结构维度更为准确，即个人隐性人力资本和组织隐性人力资本，二者之间存在着复杂的转化关系。为此，在后面维度论证过程做了充分说明。

结合隐性人力资本特性、概念及分类研究，基于知识分类方法和隐性人力资本产权属性的特征，企业隐性人力资本基于个人和组织层面关系对应划分为个人隐性人力资本和组织隐性人力资本，这样的划分关系方便研究，有利于认识隐性人力资本的内部个人和组织关系。

从目前收集的文件来看，国内研究隐性人力资本构念的论文数有 27 篇，国外只有 1 篇，见图 2 – 5。从文献分析可知，目前隐性人力资本研究起步于国内，在国外研究相对比较少，目前还缺乏成熟的理论体系。大多数学者都集中在概念解释和特性的研究阶段。虽然很多学者对人力资本研究颇多，但对隐性人力资本的构成维度并加以实证的研究很少，对隐性人力资本构成要素及投资、存量、产权、定价、管理的研究不够深入，对企业核心能力的影响到底是直接的还是间接的研究尚待探讨。在文献收集过程中，没有直接收集到关于隐性人力资本对企业核心竞争力影响的相关论文。

**图 2 – 5　2000 ~ 2018 年篇名含"隐性人力资本"的研究论文**

资料来源：检索范围为 2000 年到 2018 年 10 月"隐性人力资本"CNKI 题名检索（默认中英文扩展检索）。

为了了解国内外有关研究状况，利用大连理工大学图书馆电子资源，用题名检索的方法，检索了范围为 2000 年到 2018 年 10 月"隐性人力资本对核心竞争力影响"CNKI 题名检索（默认中英文扩展检索）。共检索出论文不足 30 篇，其中国外 5 篇，国内 24 篇。主要研究的是隐性人力资本的形成、转化、创造问题，对隐性人力资本构成要素及对企业核心竞争力影响的研究很少。

### 2.2.3 隐性人力资本维度内在条件分析

（1）隐性人力资本二维维度结构分析。对隐性人力资本维度构成问题，已在上文表述，按照知识分类方法及企业层面个人和组织关系，认为二维度结构比较合理，考虑到研究问题的复杂性，本书采用博弈思想具体分析隐性人力资本构成问题及阈值条件。

员工个人占有的隐性知识是属于员工的个人私有物品，难以计量，也难以找到隐性知识的产生根源，如何有效地把个体人力资源所拥有的隐性知识在企业内部加以转换成为企业所拥有的专有知识，进而以企业知识库形式储存为企业隐性人力资本，成为实现企业内部知识共享，不断积聚隐性人力资本，从而提高企业核心竞争力的关键，转换流程见图 2-6。

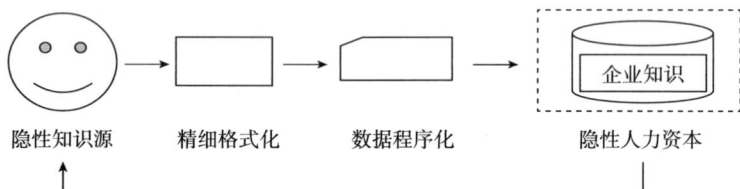

隐性知识源　　　精细格式化　　　数据程序化　　　隐性人力资本

**图 2-6　隐性知识的数据程序化转化为隐性人力资本过程图**

个体隐性知识转化形成企业组织的隐形资本才有意义。本部分的研究目的是分析员工与企业在隐性知识编码化过程中形成企业隐性人力资本的博弈过程进而寻找转化的最佳条件，而不是单纯的以企业储存隐性知识为目的，在分析企业与员工在博弈过程的行为研究过程中，分析员工隐性知识转化为企业隐性人力资本过程中应采取的对策，二者的互动最终体现出企业隐性人力资本的二维结构是合理的。

知识转化的主体间合作博弈是隐性人力资本积累的主要途径。从这个层面来看主体间的合作博弈将有效地促进隐性人力资本的积累，当然这个过程是非常复杂的。由于知识库需要动态的实时更新，将员工所形成的隐性知识编码化为企业隐性人力资本，因此在隐性知识资本化过程中企业和员工的博弈将是动态重复的，双方的动态博弈如图 2-7 所示。

员工

| | 积极转化 | 消极转化 |
|---|---|---|
| 积极支付 | $\sum_{1}^{n} g_i Q_i$, $G_{高} g_i Q_i$ | $\sum_{1}^{n} (1-g_i) Q_i$, $(1-g_i) G_{高} Q_i$ |
| 消极支付 | $\sum_{1}^{n} g_i Q_i$, $G_{低} g_i Q_i$ | $\sum_{1}^{n} (1-g_i) Q_i$, $(1-g_i) Q_{低} G$ |

(企业)

**图 2-7　员工个人和企业动态博弈模式**

(2) 隐性人力资本形成条件分析。本书暂不考虑外部两个企业核心竞争力的差异性，主要考察企业内部员工与企业之间隐性知识转化促进企业隐性人力资本的博弈过程。

在本书中，博弈局中人为：员工个人和企业组织。

H1：企业员工个体所拥有的隐性知识，来自于员工工作环境的内外。

H2：企业个体无法将其自身的隐性知识实现产业化，难以得到市场的快速接纳并获得收益。

H3：博弈方均符合理性人假设（具有决策能力），且博弈策略是其积极主动实施的行为技术。

当企业预期从员工处获取隐性知识时，可以针对隐性知识制定相应的价格 g，因而企业与员工间就存在交易关系，即 g 是交易价格。由此可得，企业与员工的交易可从两个角度加以分析。其一，当企业采取积极的定价策略时，员工所拥有的单位隐性知识的价格为 $G_{高}$，当员工接受 $G_{高}$ 隐性知识转化的机会成本小于拒绝时，交易可顺利完成；当企业采取消极定价策略时，员工所拥有的单位隐性知识的价格为 $G_{低}$，员工接受 $G_{低}$ 隐性知识转化的机会成本小于拒绝时，交易同样可顺利完成。其二，对于员工来说，价格的高低对员工的隐性知识转化可以采取两种策略，即积极合作和消极合作。由于知识库的更新，员工的隐性知识将转化为其人力资本，得到双方的博弈关系（如图 2-7 所示）。其中 $g_i$ 是员工隐性知识 $Q_i$ 转化的概率，由此得到员工 $G_{高} g_i Q_i$ 的隐性知识转化收益，$\sum g_i Q_i$ 表示当企业以 $G_{高}$ 取得员工隐性知识时，其知识的增量；在消极合作下，员工可能不接受企业的 $G_{高}$，在 $(1-g_i) [g_i \in (0, 1)]$ 的概率下向企业转化其隐性知识，其收益为 $(1-g_i) G_{高} Q_i$；$\sum (1-g_i) Q_i$ 是企业从员工得到隐性知识的增量。

博弈策略中均衡价格与均衡解：

此处假设可以获得的隐性知识相应成本为 $C_0$ 及其预期收益是 M（s），则企业通过与其员工间内部交易的收益为 M（s）$-C_0$。相比于员工，企业由于其自身可能存在的垄断地位，其隐性知识的交易价格满足 M（s）$-g \geq g-C_0$ 的原则，即：$g^* = \frac{1}{2} [M（s）-C_0]$，若 $g^* > C_0$，则员工会倾向于将其知识转化给企业；如果 $g^* < C_0$，说明隐性知识的供给不能够弥补员工的学习成本 C，可能带来员工不愿意转化或消极提供的情形，这就在转化过程中出现了动态问题。这给企业开发人力资源给予的管理启示是在发展企业的过程中企业管理者和决策层，要长期给予员工以不断激励，使员工从企业中得到情感和价值的表达，有利于企业隐性人力资本的积累，存量和质量的提高。同时可以避免员工由于收益问题流失到其他企业。本书在第 5 章实证探析中会给予更进一步说明。

针对信息完全性的不同，企业内关键转化的博弈是一个非常复杂的过程，是一个动态过程，为此在研究过程中必须做出特定的假设，以便通过特定的方式得出均衡解，这是个人隐性人力资本顺利转化为组织隐性人力资本，从而实现企业组织人力资本积累的有效途径。

这说明积极培育企业知识共享能力和创新能力及隐性人力资本积累能力的重要性，对企业核心竞争力具有积极的影响作用。

从以上分析可见，基于知识转化阈值条件，个人隐性人力资本转化为组织隐性人力资本更有意义。有利于企业形成一种不为其他对手复制和模仿的稳态潜能，个人隐性人力资本只有通过知识转化才能够形成真正意义上的企业组织人力资本。因此，将隐性人力资本分为二维结构更能体现隐性人力资本内部构成结构和形成机理。

### 2.2.4　个人隐性人力资本的定义及构成

个人隐性人力资本是指通过投资或"干中学"形式，以企业个人为载体，不容易被编码和模仿的，能够通过企业技术导向作用，由知识转化培育形成，能为企业长期、持续带来核心竞争力的基础隐性人力资本。一是拥有特殊的异质性知识和技能，二是依托企业战略技术导向和知识转化为企业建立核心优势能力，三是具备和外界环境相联系和接触个人关系资本的条件才能够真正地发挥其应有作用。根据以上分析，本书认为个人隐性人力资本主要包括个人智力水准、个人价值观以及个人社会关系三个内容。这就需要我们研究一下隐性人力资本形成和转化的具体要素问题。教育水平、学习共享能力和创新能力、价值观念、从业时间等是决定员工隐性人力资本形成的内部因素，人力资源管理状况、组织结构特性、企业文化为外部因素，同样会隐响企业隐性人力资本的形成和转化。

个人隐性人力资本形成的内部因素分析。

（1）教育水平。隐性人力资本在显性人力资本内化后形成。教育水平的高低与员工隐性人力资本成正比，教育时间的长短与员工隐性人力资本也成正比。平均来看，那些得到正规教育时间最多的人也会参与更多的在职培训，主要包括一般培训和特殊培训两种形式，同时一些普通员工也会通过"干中学"实现知识转化形成隐性人力资本，见图 2-8 和图 2-9。

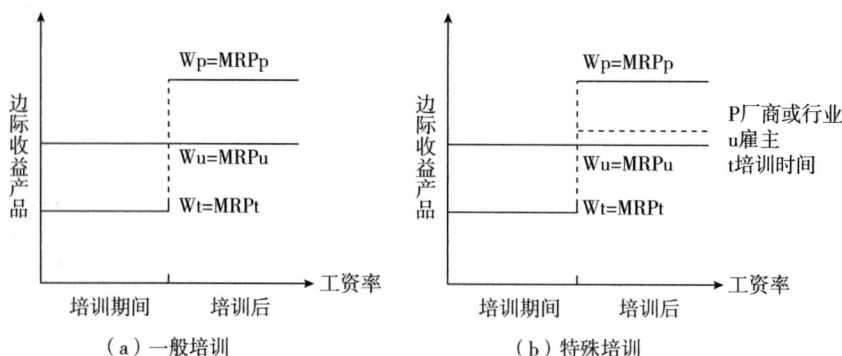

（a）一般培训　　　　　　　　（b）特殊培训

**图2-8　一般培训和特殊培训的工资率（W）和边际收益产品**

**（Marginal Revenue Product，MRP）关系**

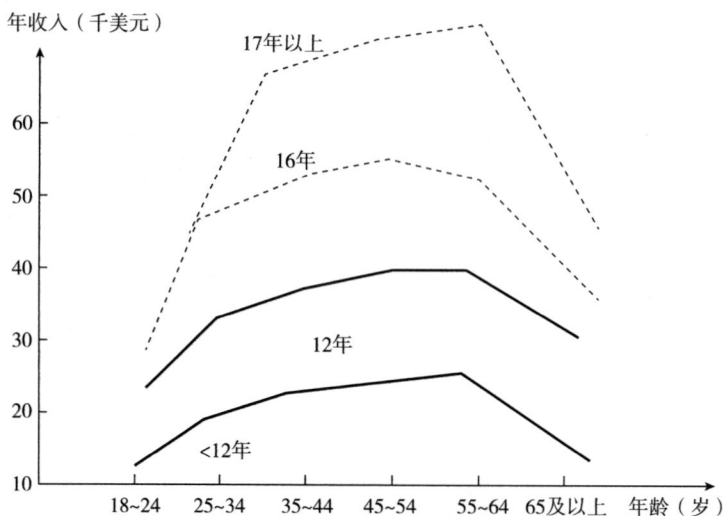

**图2-9　按接受教育年限划分的年龄—收入曲线**

注：年龄—收入曲线（以1999年的美国男性为例）显示出，教育"支出"在同样年龄人群中，受教育更多的工人比受教育较少的工人获得了更高的年平均工资。

（2）知识学习创新和共享能力。Gilley和Eggland（2012）认为学习是基于经验的行为，通过自主学习和经历获得知识，保持和运用知识、技能、能力、态度和观点的艺术。学习是从传统组织转变到开发型组织过程中的重要环节。学习过程本身就会促进组织不断地更新和改善绩效能力。没有学习，个人、团体和组织就不会成长和发展。企业学习能力和创新能力是企业核心竞争力的来源。员工隐性人力资本主要是通过自身的学习和创新行为逐步积累而成的，学习能力和创新能力决定着员工隐性人力资本形成的效率和深度。当然知识也会过时，不适合目前企业现状，需要通过知识创新不断升华。

学习关注在个人、团体和组织层面上培养开发能力，以使每个层面在不断的成长和发展中实现新的绩效。学习能力可以分为个人学习能力和组织学习能力。一般来说，个人学习就是个人获取知识及技能的过程。个人学习能够形成个人隐性人力资本，团队学习和组织学习能够构建组织隐性人力资本而形成组织核心竞争力。个人和企业隐性人力资本是个人和企业核心竞争力的来源。Yeung 等（2013）用"学习力"这一概念来表示组织内部个人学习知识的技巧和能力。学习惯例、技巧和能力构成了知识转化的基础，所以这些惯例、技巧和能力也提高了个人保留和孕育知识的能力。学习能力影响创造能力。

知识创新能力是组织成功执行和采用新概念、流程与产品的能力。Hurley 和 Hult（1998）认为通过个人创造能力能够在现有显性知识和隐性知识的基础上进行消化、吸收再创新，能够形成新的知识和经验等，形成员工个人的隐性人力资本。

（3）隐性人力资本与员工个人从业时间长短有关，员工针对企业积累的专有性知识，包括特殊思维、技能、专业知识、社会关系等越多，离开企业的时候，这些知识的收益会大幅减少，甚至消失；从业时间越短，员工针对企业积累的专有性知识和技能就越少，离开企业的损失也相对较少。

（4）价值观。通常情况下，作为技术、技能和知识的传授者，员工会顾虑其权威地位的失去，不会把自己的隐性知识全部显性化。

### 2.2.5　组织隐性人力资本的定义及构成

由于个人隐性人力资本依附的是企业组织，所有权向企业组织转移，使用权为组织，投资主体是企业，投资目的是为企业未来的价值增值。因此组织人力资本可定义为，是指以企业组织为载体，由个人隐性人力资本构成，能为企业长期、持续带来核心竞争力的隐性人力资本。主要包括：情感管理资本，技术研发协同意愿资本，组织社会关系资本。

情感管理资本是认同感知，包括组织惯例，企业文化，认同企业管理制度。

技术研发协同意愿资本是企业长期对生产经营产生促进作用的技术、方法和能力共同关注并愿意协同沟通等。主要包括：研发能力关注，业务流程关注，知识产权关注等。

组织社会关系资本是企业与顾客之间及企业与其外部环境中的利益相关的关系。

组织的人力资源管理、组织惯例特性、职业道德、企业文化以及组织社会关系等，属于组织隐性人力资本形成的内外部因素。

（1）组织人力资源管理。通过激励机制、工作满意度、目标管理、"干中学"、培训、绩效考核等影响员工隐性人力资本的形成。

激励机制。企业对共享隐性知识员工的激励水平越高，越有利于企业共享隐性知识。

工作满意度。美国心理学家 Herzberg 指出只有个人工作满意度高才能提高隐性人力资本形成效率。

目标管理。目标管理是员工隐性人力资本积累创造的一种激励环境。

"干中学"。"干中学"可以形成员工隐性人力资本，是以一种边干边学的方式实现的。

培训。Rita Almeida、Pedro Carneiro（2008）认为培训是提升员工素质最重要、最有效的手段，也是企业隐性人力资本形成的重要手段。

绩效考核。Kenneth 等（2015）认为考核一词指的是一种成就、实施、成果或功绩。它表示一个量化的成果或一系列获得的成果。

归属感。Gilley J. W. 和 Maycunich A.（2000）认为员工归属感是情感因素的认同。

（2）组织惯例特性。通过工作设计、公司制度、人员配置、组织学习等，不需要得到特别指令就可主动完成任务，这些行为影响组织隐性人力资本的形成。

工作设计。工作设计有利于隐性知识分享职能重叠的组织结构。

规章制度。规章制度是指企业对生产技术和经营管理活动所指定的各项规则、规程、程序、办法等。

人员配置。通过全员动态匹配形成企业隐性人力资本。

组织学习与学习型组织。组织学习就是"组织的创新能力"，Marquardt M.（2011、2013、2015）认为学习型组织是利用技术来达到学习和生产的最大化，涉及对计划、实施和行为进行反思的循环、认知过程。彼得·圣吉（1998）认为学习是实现自我超越、改善心智模式、建立共同愿景、团体学习和系统思考的过程。

（3）职业道德。是一定社会的道德规则和规范在职业关系中的具体体现，是从业人员在其职业活动中应该遵循的道德观念、道德情操和道德规范。

（4）企业文化。Schein（2014）认为企业文化是指在一定社会历史、经济条件下，企业在社会实践过程中形成的并为全体成员遵循的共同意识、价值观念、职业道德、行为规范和准则的总和。Syed - Ikhsan S. O. 和 Rowland F. 的研究认为企业文化指企业员工都愿意为获得共同目标而共享隐性知识的行为。

# 2.3　知识转化视角下隐性人力资本形成的机制理论

## 2.3.1　知识和知识转化内涵

（1）知识的相关研究。《辞海》对知识的定义是人们在社会实践中积累起来的经验，属于认识的范畴。美国的维娜·艾莉认为知识是经验和信息；托马斯·达文波特认为知识是结构性经验、关联信息及专家意识的流动组合；加拿大经济学教授彼得·豪威特将知识定义为个人或群体的一种能力。

可以知晓，"知识"实际上是一个很广的概念，它不仅包括以书面形式储存并通过各种媒介进行传播的信息或事实，还包括难以转化成书面形式且难以传播的内隐知识。所以，知识既是对既有经验的积累，也有对新信息的认知。

按照彼得·豪威特的定义分析，可以把知识分为两类：显性知识和隐性知识。显性知识客观上讲指结构化的、系统化的书面知识，可以通过多种方式来储存和传播，例如书籍、专利、报告、互联网知识等。因此，显性知识也被称为"书面知识"，可以由量的多少和质的高低来衡量，比如专利的数量，衡量起来相对容易。但是，隐性知识不容易衡量，隐性知识其本性是不可预见的，它是由哪些才能、经验和能力获得的知识，很难衡量和传播，难以实现公共化和社会化。事实上，隐性知识的作用一般是通过人为载体实现的，他在经济发展过程中扮演着更为重要的角色。

从知识包含内容上分析，人们常把知识分为四类：知事、知理、知行、知人。知识经济里的知识包括四点：①理解性知识指能够对事物准确描述和表达的知识。②推理性知识是指原理、规律方面的知识。③技术性知识，是指操作的技能。④管理性知识，是关于管理的知识和能力。本书指经过对数据分析总结，价值增值变为信息，经过周密联系讨论形成的资本要素。根据转移难易分为显性知识和隐性知识。显性知识容易转移，相应战略价值小而且不易储存，隐性知识借助企业特有载体可以保存价值，而其余企业因没有类似的载体无法保有。隐性知识是建立企业优势的隐性人力资本的基础元素。基于转化理论，知识具有复杂度、模糊度和系统性特性，代表着转化的三个任务，具有战略导向性。

（2）知识转化的相关研究。在本书2.1.2小节转化能力理论回顾中指出，转化能力的形成依托知识转化形成隐性人力资本的作用。复杂度代表专有团队人力资本积累，模糊度代表知识创新共享条件下人力资本显性和隐性的互动关系，系统性代表人力资本通过技术网络和管理创新一同转化的积累过程，这三个具体因素形成了隐性人力资本对核心竞争力影响的三个作用，转化能力的形成取决于三项基本战略任务。为此分析一下知识转化形成隐性人力资本的过程，首次提出知识转化概念并加以研究的是日本学者野中郁次郎，他认为知识转化是显性知识和隐性知识之间的互动。他提出，知识的转化要通过"社会化""外化""连接化""内化"四个过程来完成，并命名为 SECI 模型。

丁增辉（2013）、翟丽（2013）和邢薇（2013）后期做了深度研究，他们都认为知识传递给潜在接收者，由个人和团队、组织接收，经过不断的内化、共享学习、积累形成，在转化过程中受企业人力资源环境、战略导向、企业文化、制度等影响。

目前学术界对知识转化的研究，主要针对在组织内部和组织间的知识转化，也就是个人隐性人力资本如何向组织人力资本转化，同时如何影响企业竞争能力的。

本书认为，知识转化如果考虑外界环境则比较复杂，所以只考虑在企业战略导向下针对企业市场导向和技术导向来研究通过知识转化形成隐性人力资本后对企业核心竞争力的作用。

艾凌宇（2012）认为知识的转移才有价值，有时不会出现，有时则会交叉。

### 2.3.2　知识转化条件下隐性人力资本的形成及作用机制

知识转化涉及知识转化企业内外过程模式，转化激励制度及转化途径和制度问题，最后形成隐性人力资本作用问题及对企业核心竞争力影响问题。

（1）知识转化企业内外过程模式。冀明飞（2013）认为企业知识转化是知识从个人向核心专有团队的转化过程。有了团队，就有了更大转化的实力，从而一个团队组织经验影响另一个团队组织。赵明和聂正安（2013）认为，知识转化是知识在不同情境下转移，可以发生在企业内部，如个人与个人之间、个人与群体之间、群体与群体之间；也可以发生在企业之间，如联盟企业之间。在收集整理和分析研究现有的企业知识转化文献的基础上，对企业知识转化的研究大致可划分为企业内部的知识转化学派、联盟与跨国公司内的知识转化学派、独立企业间的知识转化学派、国际并购活动以及网络中的知识转化学派四个学派。本书只考虑企业内部，如图 2-10、图 2-11 所示，表述了企业转化内外部过程，表述了鼓励和阻止嵌入性知识获取、转移和创造的双因素理论。

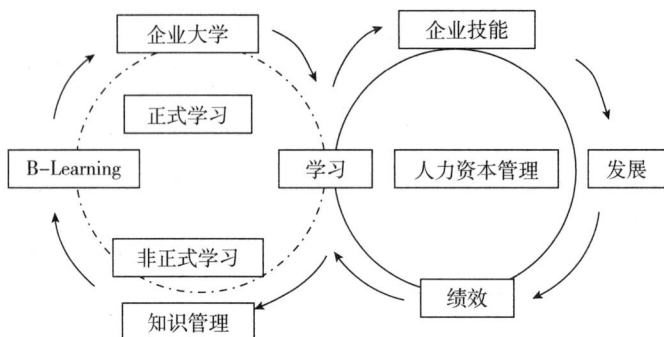

**图 2-10　知识转化企业内外部过程**

资料来源：笔者根据相关资料整理。

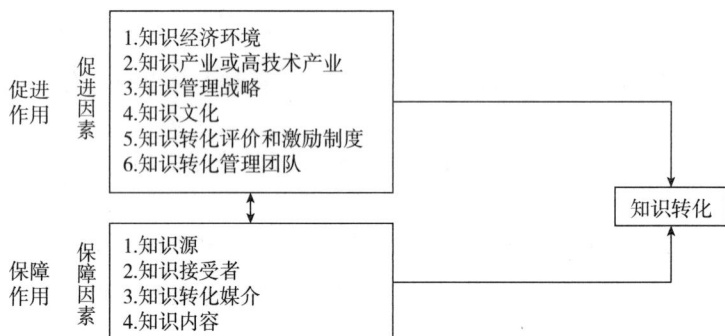

**图 2-11　知识转化双因素模型**

资料来源：笔者根据相关资料整理。

（2）知识转化双因素理论。从知识转化的双因素模型可以看出，知识转化过程中的保障因素涉及知识转化的媒介，促进因素中提到知识管理战略问题，这两个问题在隐性人力资本形成过程中非常重要。个人隐性人力资本如何顺利转化为组织隐性人力资本，需要从制度上给予激励。组织隐性人力资本如何提升企业核心竞争力，需要从战略导向给予支持。

（3）知识转化形成隐性人力资本 SECI 改进型模型。野中郁次郎的 SECI 模型提出了知识转化"社会化、外化、连接化和内化"的螺旋形转化结构。20 世纪末提出时非常有影响力，对企业知识管理理论的发展起到非常重要的作用。但随着实践的应用发现了理论的缺陷，具体表现在企业内部知识转化与知识应用、价值实现之间的关系表述不清楚，与企业知识资本有关组成部分之间的关系脱节，转化目的和方向不明确。

本书认为企业层次的知识是转化为隐性人力资本的目标，具体来说知识是形成隐性人力资本的基础要素。转化机制是知识得以应用和价值实现的保障。为此，本书结合 SECI 模型提出了以下知识转化机制改进型模型：个人层次人力资本的学习是组织学习的前提条件，团队人力资本和组织人力资本的学习需要通过个人层次的学习才能够完成，这样在转化过程中会形成"个人隐性人力资本势差"，通过诱导机制减少"势差"，实现向团队中的其他人传递知识。通过团队和组织学习，个人隐性人力资本通过良好整合，进而形成组织的隐性人力资本。通过个人、团队、组织不断学习和内化、循环互动，隐性人力资本才能在诱导机制的作用下不断提升。

隐性人力资本企业的组织内部是通过技术导向和不断的知识转化内化的。知识转化不断形成组织人力资本后，通过企业战略导向形成了具有核心竞争力的作用要素，即专有团队隐性资本形成能力、隐性知识创新共享能力，同时经过不断地交织转化隐性人力资本积累能力也有所增强。专有团队隐性人力资本能力是企业核心竞争力的基础；隐性知识创新共享能力提高了核心竞争力的传递机制；隐性人力资本积累能力是核心竞争力的保持手段，见图 2 - 12。

对 SECI 改进型模型分析认为，基于转化理论，知识的复杂度、模糊度和系统性代表着知识转化成为隐性人力资本作用的基础要素及培育核心能力的三个必须完成的战略任务。三个代表隐性人力资本作用的能力也代表着企业基于知识理论和人力资本理论形成隐性人力资本进而提升企业核心竞争力的三个途径。企业隐性人力资本形成后对核心竞争力是如何作用的，作用途径如何选择，是直接影响还是间接影响，本书在后面章节中将进行阐述。

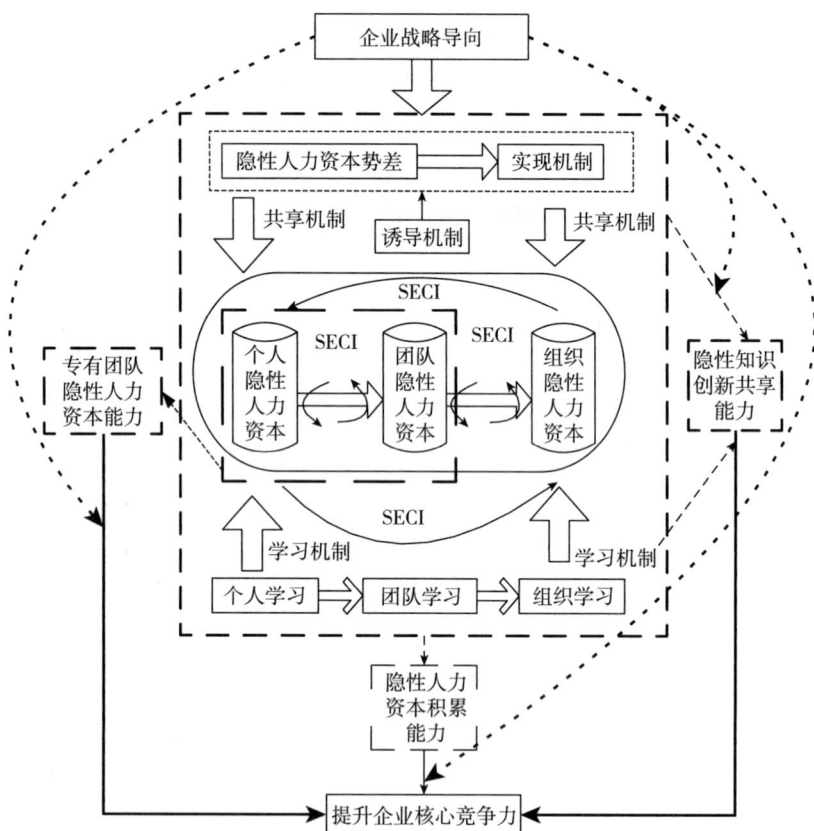

图 2 - 12  基于 SECI 模型优化的隐性人力资本转化机制模型

资料来源：刘文. 企业隐性人力资本形成和作用机理研究 ［M］. 北京：中国经济出版社，2010.

为了了解国家西部大开发战略实施以来隐性人力资本的研究状况，通过检索范围为"团队隐性人力资本转化能力""知识创新共享能力""知识积累能力"CNKI 题名检索（默认中英文扩展检索），检索时间为从 2000 年开始到 2018 年 5 月，共检索出 22694 篇有关隐性人力资本知识转化能力的论文。通过统计技术见图 2 - 13。其中涉及团队隐性人力资本转化能力的占 1%，知识创新共享能力和知识积累能力分别占 37% 和 62%。

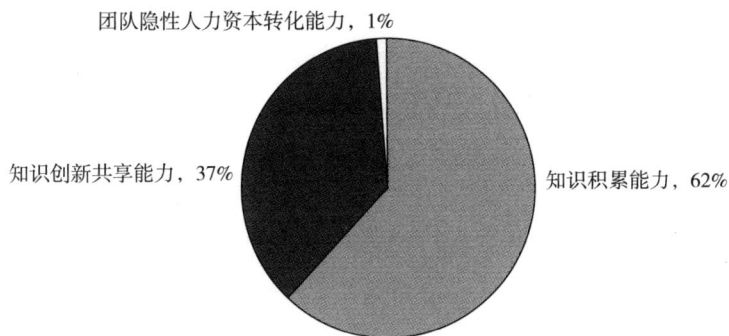

**图 2 - 13　2000～2018 年篇名含"团队隐性人力资本转化能力"**
**"知识创新共享能力""知识积累能力"的研究论文分类统计**

通过对检索论文的研究分析可见，大多数学者的研究都集中在概念分析、研究因素、评价原则和方法、研究学派等方面，对知识转化形成隐性人力资本的内在动因、形成结果以及对企业作用的研究比较少。无论何种学派，其研究都涉及两个共同问题：知识转化机制对隐性人力资本的形成途径问题及隐性人力资本对企业的作用问题。这是非常重要的一个研究方向，但目前研究这个课题的专家还比较少。

## 2.4　隐性人力资本对企业核心
## 竞争力的影响关系理论

### 2.4.1　隐性人力资本作用机理分析研究过程

在知识资本的理论框架下，隐性人力资本形成后，其作用发挥的程度决定了企业的竞争力。拥有独特并能够获利的隐性人力资本的企业因不易被竞争对手效仿，从而能形成更为持久的竞争优势。因此，知识经济条件下企业总要竭力促进隐性人力资本的形成来使人力资本发挥更大的作用。

与隐性人力资本的研究相比，国内外学者对企业核心竞争力的研究起步较早。早在20世纪50年代塞尔兹尼克（Philip Selznick，1957）在运用企业能力理论对管理过程中的领导行为做社会分析时，就提出了"特殊能力"的观点。与前述研究不同，一些学者将技术创新能力几乎等同于企业的核心能力。Teece、Pisano和Shuen（1990）指出，核心竞争力就好似能给公司在某一特定领域带来竞争力和持续优势的一组差异化技术、互补资产和惯例。Duane Hellelofd Bomard Imonnin（2013）把核心竞争力定义为包括组织独特的人力资源、物资资源的组织和协调能力。

相关学者的研究随着人力资本的研究不断深入。黄继刚（2004）根据影响核心竞争力形成的四个因素，把核心竞争力的形成过程总结为知识、资源、企业文化、管理整合四个部分。赵云昌（2005）对人力资本的专有性及其制度进行设计。侯凤云、李焕龙（2004）在企业团队人力资本的研究中提到专有团队隐性资本形成能力是企业核心竞争力的基础能力。李顺才、周志皎、邹珊刚（2000）在基于知识流的企业核心能力形成模式研究中提到隐性人力资本形成知识创新共享能力非常重要，是影响核心竞争力的关键能力，起到传递作用。Arrow（1990）和Murphy（2010）在对企业核心竞争力的研究要素中提出隐性人力资本的不断形成是核心竞争力提升的手段。

本书对以上学者的研究结论进行综合，认为知识转化形成隐性人力资本的三个作用是促进企业竞争力提升的核心要素。

### 2.4.2　隐性人力资本对企业竞争力的促进作用

（1）企业专有性团队人力资本的形成。知识转化的形成必须依赖某种制度或组织才能发挥其作用，团队中异质性人力资本的协同效应尤为重要，是企业核心竞争优势的源泉。专有性团队人力资本通过隐性知识的形成、转化和创新，构成企业的核心竞争力。由此可见，显性人力资本被竞争对手占用的风险较大。

（2）企业隐性知识的创新与核心竞争力。企业核心竞争力形成后，通过专有性人力资本对隐性知识的创新和协同共享，能实现企业核心竞争力的有效提升。

（3）隐性人力资本的积累与企业动态核心竞争力。隐性人力资本的积累促进了隐性知识的创新和共享。

（4）隐性人力资本的转化保证了动态的企业核心竞争力，正是这种改变保证了企业核心竞争力的动态性。从知识转化的角度分析了企业核心竞争力的形成机理，侧重从隐性人力资本的角度展开分析，在分析企业知识转化机制的基础上，重点分析了企业隐性人力资本通过形成其自身的专有性人力资本和团队人力资本，在一定程度上促进了企业核心竞争力的形成；企业利用其员工之间以及企业与员工之间的知识转移促进隐性知识的转化与交流，促成其核心竞争力的实现；企业隐性人力资本的不断积累促成其动态核心竞争力及其演化的基础，需要不断激励转化条件。

### 2.4.3　隐性人力资本对企业核心竞争力的作用要素分析

本书在对国内外文献述评中，通过对转化能力理论回顾，认为知识转化为隐性人力资本作用有三个基本因素：复杂度代表知识转化为团队隐性人力资本过程；模糊度代表在隐性人力资本形成过程中知识显性和隐性的互动关系；系统性代表知识转化为隐性人力资本的积累过程。本书认为企业隐性人力资本通过转化形成后，在战略导向作用下，企业核心竞争力包括专有团队隐性人力资本形成能力、隐性知识创新共享能力、隐性人力资本积累能力。

（1）专有团队隐性人力资本形成能力是核心竞争力的基础。企业核心竞争力的形成过程就是知识的转化过程，通过个人、团队、组织显性知识与隐性知识的相互转化，知识在组织内部不断进行转移、内化，进而更多地将团队的知识转化为组织知识，更多的知识内嵌于组织流程、组织文化、企业核心价值观中。

（2）隐性知识创新共享能力是核心竞争力的传递能力。隐性知识不断交流交融和创新，有利于企业员工关系变得越来越融洽，有利于知识流循环迭代形成企业隐性人力资本。所以，隐性知识的创新共享能力是指知识流动转移、升华的过程并能够形成持续竞争优势的一种组织能力，隐性知识创新共享能力是核心竞争力的传递能力。

（3）隐性人力资本积累能力是保持企业核心竞争力手段。当转化环境变化时，企业拥有的知识需要不断更新。加上核心竞争力对知识的强化功能会由于束缚作用导致企业知识过时或僵化。这就要求通过组织学习，加大对隐性人力资本的投资。

在现实企业环境中，由于企业中不重视人才的培养，不注重员工激励，导致企业内部由于知识转化机制的缺失，隐性人力资本不能够很好地形成，使隐性人力资本形成的生态环境遭到破坏。这就是一些企业不注重人才培养导致企业最终灭亡的现实原因。因此，隐性人力资本积累能力是企业一种动态能力，不断积累有利于净化知识转化生态系统，不断提升竞争能力。

### 2.4.4　战略导向下隐性人力资本对企业核心竞争力的影响

（1）内部因素。刘英杰（2009）认为能够使一个组织比其他组织做得更好的特殊物质对企业核心竞争力有影响。黄继刚（2012）认为知识、资源、企业文化、管理影响核心竞争力。芮明杰、陈晓静、王国荣（2008）认为知识转化影响企业核心竞争力。芮明杰（2005）认为战略规则、专业人才团队、战略联盟、关键技术、模仿创新与同场竞技影响企业核心竞争力。史东明（2010）指出企业学习知识、专业技能、创新等影响企业核心竞争力。朱宇和李新春（2016）、彭勇涛（2013）、范明和戚文举（2013）认为企业家精神和企业核心价值观体系影响企业核心竞争力。

通过对以上学者的研究梳理认为，知识转化形成隐性人力资本对核心竞争力提升是非常重要的原动力。结合知识转化理论认为知识转化形成隐性人力资本的三个作用，即专有团队隐性人力资本形成能力、隐性知识创新共享能力、人力资本积累能力是三个核心影响要素。

（2）外部因素。隐性人力资本对核心竞争力具有战略导向性，具有外部调节效应。基于人力资本的配置问题，对企业来讲一般划分为市场导向和技术导向：市场导向主要反映企业隐性人力资本投资企业提升核心竞争力时会受到其他竞争对手、顾客需求层次、政府机制等外界环境的牵制；技术导向主要指知识转化为企业隐性人力资本的过程中核心质量要素的多少、变化对核心竞争力的影响程度。市场导向作用处于不稳定状态；技术导向是通过知识转化内化在隐性人力资本中的，特别是企业核心技术的掌握更具战略性，一方面可以激发隐性人力资本载体不断强化，另一方面在技术导向下提升核心竞争力，使竞争对手望尘莫及。这就是企业掌握核心技术就具备了核心竞争力，拥有核心人才就拥有了竞争天下的能力的道理。可见技术导向更长久，更有利于知识转化能力的形成。这也就是科技创新驱动发展生产力的基础。

战略导向下，通过知识转化形成的隐性人力资本影响企业核心竞争力。企业战略导向实际是企业的战略整体方向，基于人力资本的配置问题，对企业来讲一般划分为市场导向和技术导向。

Romanelli（2011）认为，当面对一个不断变化的商业环境时，当知识转化在系统内紊乱的时候，过去积累的竞争力会变为核心刚度。因此，本书认为，对企业来说为了保持稳定的竞争力，必须不断积累隐性人力资本，强化企业专有团队隐性人力资本和加强隐性知识创新共享。从战略导向角度将直接表现为战略技术导向，在企业系统中技术导向是长期导向，因为企业为了保持竞争力，从内部看必须不断进行技术研发、技术赶超，不断通过知识转化为隐性人力积聚竞争优势资源，从而促进企业不断提升竞争力，不易被竞争对手赶超。这样看来战略技术导向更有利于促进知识转化形成隐性人力资本，不断革新企业竞争力系统，长期使企业保持永久的核心竞争力。

芮明杰（2008）提出外部交易影响企业核心竞争力。本书认为，从外部人力资源复杂性来看，战略市场导向也会影响核心竞争力。企业市场变幻莫测，市场竞争异常激烈，在交易过程中最直接的是凝结企业隐性人力资本的龙头产品（包括实物产品或技术成果等）的领先性和市场价值优势。为了在市场上获得好的隐性人力资本投资回报，企业需要不断针对目标市场需求，加大企业对知识转化不断提升隐性人力资本的培育力度，不断强化内部团队隐性人力资本形成、隐性创新知识共享及隐性人力积累等能力的提高，直接反映的是提升企业核心竞争力。由于市场是千变万化的，价格围绕价值是不断变化的，市场导向也更为不稳定及不确定。

其次，企业的核心竞争力包括很多方面，通过研究梳理和资料收集，整理出了以下几点与隐性人力资本相关的企业核心竞争力的考察因素，见表 2 – 9。后面在第 4 章做调查问卷时将给予重点说明。

表 2 – 9　与隐性人力资本相关的企业核心竞争力考察因素

| 项目 | 特性 | 考察因素 |
|---|---|---|
| 与隐性人力资本相关的企业核心竞争力考察因素 | 专有团队隐性人力资本形成能力 | 1. 员工具有较强参与技术研发的欲望，认为重大项目的完成需要团队凝聚力 |
| | | 2. 企业提供足够的资源进行新产品研发并构建了专有团队 |
| | 隐性知识创新共享能力 | 3. 创新能力强，技术整合、延展能力、学习共享能力非常强 |
| | | 4. 构建了强大的交流研发共享平台，不断研发出新技术 |
| | 人力资本积累能力 | 5. 组织管理能力和环境整合能力强，不断吸收和培养高技能人才 |
| | | 6. 企业家和战略管理团队能力强大 |

资料来源：笔者根据相关文献整理。

### 2.4.5　隐性人力资本对核心竞争力影响的研究路径

（1）基于以上理论分析，本书结合隐性人力资本是由知识转化形成的理论，认为隐性人力资本二维度存在正向作用关系。通过二元论博弈分析可知，个人隐性人力资本转化为组织隐性人力资本存在阈值条件。只要突破阈值，个人隐性人力资本可以顺利实现转化。目前对知识转化形成隐性人力资本的内涵、维度与测量的探讨尚无定论，也限制了企业隐性人力资本对核心竞争力的影响机制的深入探讨。为此，本研究第一阶段对隐性人力资本的内涵、维度作了解析，形成了准确的测量量表，为后续研究的实施奠定了概念与工具基础。

（2）结合知识转化能力形成隐性人力资本作用的三个核心步骤分析，尽管一些学者做了大量的理论研究，但没有表述清楚隐性人力资本形成的三个作用其实就是基于知识转化形成隐性人力资本对核心竞争力影响的三个核心要素。这三个核心要素从知识转化形成隐性人力资本的 SECI 改进型模型中也可以分析到其具体路径和作用机制。下文中以更加准确了解作用的路径为目的，构建了隐性人力资本、隐性人力资本作用三要素、核心竞争力及在一定的战略导向指引下的整合关系模型。本书采用实证数据对各变量之间的关系假设进行检验，找到最佳影响路径，为企业管理隐性人力资本提供理论和实践借鉴。

（3）隐性人力资本作用的路径模型。企业隐性人力资本对核心竞争力作用的影响路径模型构建如图 2 - 14 所示，其中战略导向为调节变量。已在前文通过设计量表测定企业的隐性人力资本构念，员工个人在企业发展过程中所体现出的作用，转化以及人力资本的形成和积累等。相比于员工之间的交互过程，企业组织与员工个人之间的博弈分析过程更加复杂，但同时其包含的隐性人力资本的转移则更为显著，基于企业知识转化过程和企业组织与员工个人之间隐性人力资本的形成，可以发现无论是员工个人还是企业组织，其隐性人力资本水平都会有显著的提升，不断为企业建立竞争优势，形成企业的核心竞争力。

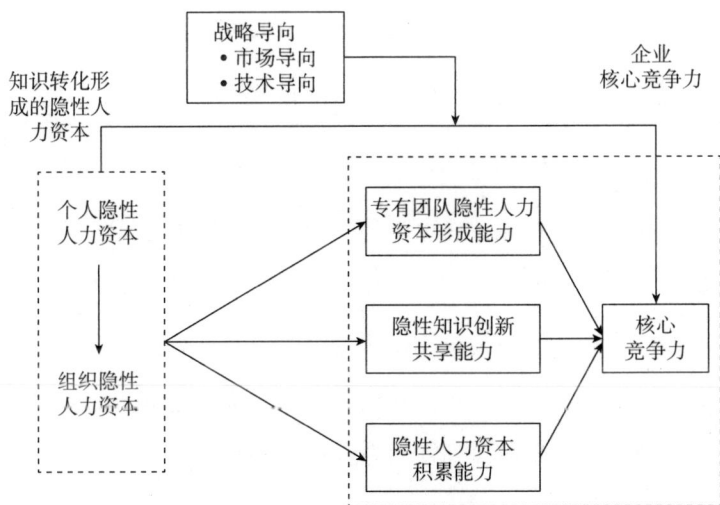

**图 2 - 14　隐性人力资本对企业核心竞争力作用的路径模型**

从企业知识及知识转化角度来看隐性人力资本对核心竞争力的影响，主要涉及专有团队形成能力、隐性知识创新共享能力、隐性人力资本积累能力。这三种能力直接反映的是企业组织知识转化能力，也决定着对企业核心竞争力所发挥的基础作用。

## 2.5　本章小结

本书基于对人力资本理论，知识转化能力理论，对知识转化条件下隐性人力资本的形成过程做了分析，并对隐性人力资本的概念做了界定。依据知识划分方法及企业层面，认为隐性人力资本由个人和组织两方面构成并做了理论阐述。基于核心竞争力理论，隐性人力资本形成后会提升企业竞争力。为此以战略导向（市场和技术）为出发点，认为企业通过知识转化形成隐性人力资本后，会形成三种代表企业核心竞争力的能力，即专有团队形成能力、隐性知识创新共享能力、隐性人力资本积累能力。这三种能力直接反映了以隐性人力资本为载体的企业核心竞争力的影响因素，也决定着隐性人力资本对企业发挥的战略导向作用。

# 第 3 章　企业隐性人力资本
# 构念界定与测量

鉴于现有研究文献尚未从知识转化的角度对隐性人力资本概念达成较为清楚和一致的定义，也未能够提供可据操作性的科学评测工具，本章通过对隐性人力资本构成维度分析后采用定性和定量结合的方法，对隐性人力资本的构念及维度进行了统计技术验证，实现了对隐性人力资本的深入理解，构建了相应的测量量表，为推进后续研究奠定了概念基础。

## 3.1　企业隐性人力资本构成要素
## 假设提出与模型构建

### 3.1.1　企业隐性人力资本构成要素研究假设

前面的文献述评介绍了当前学者们对隐性人力资本的维度划分，比较得到学者认可的是把隐性人力资本划分为个人隐性人力资本和组织隐性人力资本。由于隐性人力资本必须依附一定的载体才能存在，从隐性人力资本构成维度的理论分析可知，企业隐性人力资本需要构建二阶因子测量模型，个人隐性人力资本和组织隐性人力资本是企业隐性人力资本这个变量的两个测量因子。利用统计学原理及专有软件进行拟合优度检验，由此提出假设：

H0：个人隐性人力资本、组织隐性人力资本是构成企业隐性人力资本的两个维度，是两个构成要素。

### 3.1.2　企业隐性人力资本测量模型

隐性人力资本测量模型由观察变量，即个人隐性人力资本、组织隐性人力资本构成，也就是通过技术手段可以直接测量的变量。企业隐性人力资本为测量变量，也称为潜变量。e代表误差。测量模型包括测量变量、观察变量及误差，是个二阶因子模型，见图3-1。

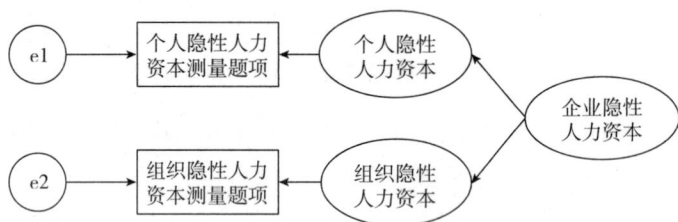

**图3-1　企业隐性人力资本测量模型**

## 3.2　隐性人力资本测量问卷设计

### 3.2.1　结构概念测定方法

结构性概念是抽象概念，不能够直接观测出来，现实中也没有现成的定义，一些人甚至产生了质疑。但是，科学讲求精确测量，因此，结构概念的测量工具开发是非常必要的环节。概念化是开发测量工具必需进行的步骤，Babbie 认为概念化需要给出特定指标测量题项，见图 3-2。

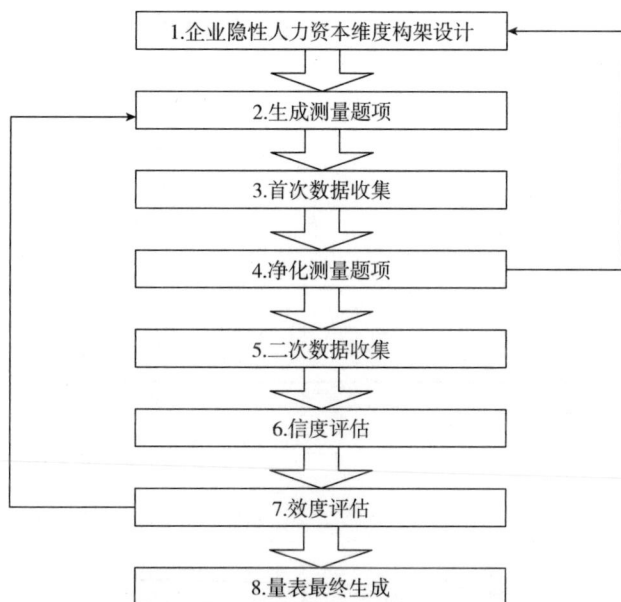

图 3-2　企业隐性人力资本量表开发方法

本书在理论研究中对企业隐性人力资本作了定义，根据相关理论文献和实际研究提出了企业隐性人力资本概念构成维度，即个人隐性人力资本和组织隐性人力资本。

### 3.2.2　企业隐性人力资本题项初步设计

本书通过文献分析归纳及对隐性人力资本构成要素的研究，初步拟定了企业隐性人力资本测量题项。

（1）个人隐性人力资本测量题项设计。前文阐述了个人隐性人力资本包括：个人智力水准、个人价值观以及个人社会关系，据此设计个人隐性人力资本题项。

1）个人智力水准隐性人力资本。主要包含：个人拥有的知识容量、工作技术、培育的工作能力水平，初步测量题项如表3-1所示。

表3-1　个人智力水准隐性人力资本测量题项

| 测量题项设计 | 题项来源 |
| --- | --- |
| 1. 具备从事工作的知识和特殊技能 | Pablos（2002） |
| 2. 具备从事工作所需的不可模仿的经验 | Pablos（2002） |
| 3. 在企业中拥有高等级的学历和技术要领 | 刘玉斌（2008） |
| 4. 在企业中工作工龄相比其他人较长 | Pablos（2002） |
| 5. 在企业中工作需要人际脉络 | 访谈 |
| 1. 具备岗位要求的特种资质 | 访谈 |
| 2. 技术熟练并愿意与其他个人分享技术要领 | 刘善球（2005） |
| 3. 利用所学高效解决疑难问题 | 刘善球（2005） |
| 4. 愿意将个人技术成果倾注于企业 | 访谈 |
| 5. 认为过时的技术方案有利于使现有研发少走弯路 | 访谈 |
| 1. 高层领导完全具备制定战略的能力 | Zwell 和 Ressler（2000） |
| 2. 高层领导具备领导员工实现目标的决策能力 | 刘文（2012） |
| 3. 总经理具备丰富的管理经营企业特质能力 | 访谈 |
| 4. 核心技术人员具备推动企业创新能力 | 刘玉斌（2008） |
| 5. 一线员工具备超强的工艺操作能力 | 刘玉斌（2008） |
| 6. 技术骨干可以模仿其他企业提高自己工作能力 | 访谈 |

2）个人价值观隐性人力资本。

个人价值观表现为个人品德素养、工作看法。目前还没有针对个人价值观隐性人力资本专门的测量量表，所以本节重点从员工对企业的认同度、合作意愿方面设计选取。Siegall（2012）把工作看法作为满意度度量指标。Westnes（2013）认为工作是团队精神、成果分享。测量题项如表3-2所示。

**表 3-2　个人价值观隐性人力资本测量题项**

| 测量题项设计 | 题项来源 |
| --- | --- |
| 1. 员工个人非常信赖企业的产品并主动推荐 | 访谈 |
| 2. 员工个人非常希望本企业的技术是最领先的并有强烈的研发欲望 | 访谈 |
| 3. 员工个人主动维护企业利益和经营理念，坚守职业操守 | 访谈 |
| 4. 员工个人希望依托自身技能获得高的报酬 | 访谈 |
| 1. 员工主动严格执行公司制度流程工作，并认为有利于制造高质量产品 | 访谈 |
| 2. 员工具有强烈愿望融入专有团队工作，愿意贡献自己的力量 | Westnes |
| 3. 员工不遗余力开展技术研发，共同参与并相互学习技术长处 | Westnes |
| 4. 员工主动提出技术合理化建议及改进方案并加以实施，保持技术优势 | Siegall |
| 5. 员工认为组织能够给予好的激励政策，为了企业的整体利益可以努力工作 | 访谈 |

3）个人社会关系隐性人力资本。基于个人隐性人力资本研究，目前尚未有对个人社会关系题项的设计，只能自行开发。表现为个人和个人以及专有团队知识、经验分享意愿和充分交流，以及关于个人与企业外部环境利益者关系等。开发测量题项如表 3-3 所示。

**表 3-3　个人社会关系隐性人力资本测量题项**

| 测量题项设计 | 题项来源 |
| --- | --- |
| 1. 员工具有较强加入技术研发团队的欲望，认为重大项目的完成需要团队的配合 | 访谈 |
| 2. 员工之间在遇到技术难题时会互相帮助解决并加以总结共享 | 访谈 |
| 3. 员工之间对技术思路持有不同观点后会求同存异、妥善解决 | 访谈 |
| 4. 员工接收研发课题后会迅速达成默契进入工作状态，加强共享学习并制定正确技术路线 | 访谈 |
| 5. 员工之间经常相互学习交流经验并提出企业工艺技术改进建议 | 访谈 |
| 6. 员工愿意将自己的知识和经验与其他员工分享 | 访谈 |
| 7. 员工为了获取技术经验可以与外间组织分享经验 | 访谈 |
| 1. 员工通过与客户保持较好的关系获取产品使用体验，不断提高产品市场优势 | 访谈 |
| 2. 高层和政府保持良好的关系，不断获取相关高科技立项支持 | 访谈 |
| 3. 研发团队和同行企业研发团队保持良好的合作关系，不断学习吸收外间技术和市场经验 | 访谈 |

| 测量题项设计 | 题项来源 |
| --- | --- |
| 4. 高层和国家专业研发机构保持良好的合作关系，不断追踪国内前沿技术 | 访谈 |
| 5. 高层和相关产业链企业形成技术战略联盟，提升本企业竞争优势 | 访谈 |
| 6. 企业相关研发人员主动和国外研发机构人员保持良好的交流关系，学习吸收前沿技术 | 访谈 |
| 7. 员工可以把外间组织的研究成果吸收到本周组织为本企业所借鉴 | 访谈 |

（2）组织隐性人力资本测量题项设计。组织隐性人力资本的构成要素包括：情感管理、技术研发协同意愿和组织社会关系，据此设计组织隐性人力资本题项。

1）情感管理隐性人力资本。Daft（2015）认为组织惯例资本是指组织能够指导员工遵循指标流程化完成组织任务。郑美群（2014）设计了企业各部门的职责及组织架构衡量指标。关于企业文化的度量和愿景目标评估，Reilly（2015）制定了企业文化的测量指标。Post（2017）将企业文化分为 15 个维度。石伟（2014）将企业文化分为三个层次。借鉴以上学者观点，测量题项如表 3 - 4 所示。

表 3 - 4 情感管理隐性人力资本测量题项

| 测量题项设计 | 题项来源 |
| --- | --- |
| 1. 企业内明确了各部门员工个人工作流程和岗位职责，员工能够主动遵守 | 访谈 |
| 2. 企业内明确了各部门责、权、利关系及职责，员工无需指示都能够明确执行 | Daft |
| 3. 企业组织设置了便于员工交流合作的平台，员工都能够主动参与 | Daft |
| 4. 企业组织设置了便于个人信息传递的渠道，员工都能够主动沟通 | Daft |
| 5. 企业组织设置了管理决策机制，员工都愿意发表意见形成集体意愿再执行 | 访谈 |
| 6. 企业组织建立高工作效率的各部门组合团队 | 访谈 |
| 7. 企业组织具有有效监督机制 | 访谈 |
| 1. 企业的技术研讨得到员工个人的大力支持 | 访谈 |
| 2. 企业鼓励员工的创新行为并给予技术研发团队大力支持 | 访谈 |
| 3. 企业内员工互相尊重 | 石伟 |

| 测量题项设计 | 题项来源 |
|---|---|
| 4. 企业对员工的学习给予共享平台的大力支持 | Reilly |
| 5. 企业内的员工关系非常融洽并对技术创新项目积极参与 | Reilly |
| 6. 企业内尊重主动分享自己知识给别的员工的人 | 石伟 |
| 1. 企业认同技术研发激励体系科学合理有效 | 访谈 |
| 2. 企业认同管理者对企业重大项目技术研发管理职责 | 访谈 |
| 3. 企业明确规定了企业技术成果的使用权和收益者 | Deminor |
| 4. 企业技术管理人员的决策受到有效监督 | 访谈 |

2）技术研发协同意愿隐性人力资本。技术研发协同意愿是企业长期对生产经营产生促进作用的技术、方法和能力共同关注并愿意协同沟通。主要包括：研发能力关注、业务流程关注、知识产权关注等。

曾繁华（2017）研究团队关注研发能力并提出了 11 个技术测评主题。刘飚（2015）研究团队提出了关于业务流程成本、业务流程效率、业务流程顾客满意度的评价体系。知识产权度量主要是针对受法律保护的专利、著作权、商业秘密、商标等，这些知识产权是隐性人力资本显性化的总结表达。李小尘（2010）认为核心竞争力技术、商标生产、知识、高精技术文件及人才在传播过程中是受法律保护和约束的隐性人力资本。结合学者研究及本节研究问题，提出技术研发协同意愿隐性人力资本测量题项，如表 3 - 5 所示。

表 3 - 5　技术研发协同意愿隐性人力资本测量题项

| 测量题项设计 | 题项来源 |
|---|---|
| 1. 企业对新产品开发能力给予特别关注并认可新产品技术市场潜力 | 访谈 |
| 2. 企业提供足够的资源进行新产品研发并希望构建专有团队来加强研发 | 曾繁华 |
| 3. 企业对有竞争力的高技术希望不断研发储备以适应未来市场需求 | 访谈 |
| 1. 企业有着完整的业务流程体系并很好地支持组织技术创新 | 刘飚 |
| 2. 企业员工都愿意注重质量和效率 | 访谈 |
| 3. 企业不断改进业务流程 | 刘飚 |

| 测量题项设计 | 题项来源 |
|---|---|
| 1. 企业为了保护研究成果不被模仿形成了大量有价值的专利 | 访谈 |
| 2. 企业拥有很多先进的技术工艺操作法和技术诀窍并长期给予制度激励加以提升 | 访谈 |
| 3. 企业对核心技术和商标保护严格管理，不被竞争对手赶超 | 李小尘 |
| 4. 企业对用于生产、研发的知识及高精技术严格保密 | 李小尘 |
| 5. 企业关注企业外知识产权的保护状况，意图吸收为本企业使用 | 访谈 |

3）组织社会关系隐性人力资本。组织社会关系是指企业中企业与顾客之间及企业与其外部环境中的合作者之间的关系。Simon（2015）设计了组织社会关系资本的衡量指标。Tontti（2015）研究团队深入挖掘，提出了关于企业内外专有研发团队、技术学习团队和技术创新团队等技术研发相关关系合作衡量体系。基于以上分析结合本节研究提出了组织社会关系隐性人力资本的测量题项，如表3-6所示。

表3-6 组织社会关系隐性人力资本测量题项

| 测量题项设计 | 题项来源 |
|---|---|
| 1. 对企业销售出的产品顾客给予很高的赞誉并表示会经常购买 | 访谈 |
| 2. 企业销售出的产品因质优价廉有很高的性价比，因而有很高的市场占有率 | Simon |
| 3. 企业因长期专注于顾客使用价值并给予优质的售后服务，积累了很好的商誉 | 访谈 |
| 4. 企业通过技术研发生产出了优质的产品，得到了客户的认可，增加了客户忠诚度 | Simon |
| 5. 企业因提供优质产品及优质的售后服务，得到了大客户的信赖而建立了稳定关系，不断扩大了销量 | 访谈 |
| 6. 企业因信誉良好，对下游供应链的质量保证和准时交货给予了大力支持并建立了稳固的合作关系 | Tontti |
| 7. 企业因在社会上有良好的商誉，金融机构在资金上给予了低成本融资，建立了非常好的信用关系 | 访谈 |
| 8. 企业因有良好的市场表现并按时足额缴纳税款，政府给予科技项目优先审批、优先准入、优先建设、优先验收投产的特权，保持着很好的政企关系 | Tontti |
| 9. 企业因有优秀的技术研发团队，国内外企业纷纷表示愿意合作 | 访谈 |

（3）测量题项修正方法。

隐性人力资本研究起源于知识资本研究，从发展历史来看，主要是我国学者的相关研究比较多；从本书理论回顾来看，主要是借助国外学者对人力资本研究、知识资本研究及知识转化理论的发展开始研究的。研究内容主要集中在隐性人力资本形成方面，对维度的确切研究及验证少之又少，涉及实证的研究也不多。所以本书可借鉴的提取题项的文献相应比较少，主要是根据实践过程对相应因素设计了题项。本书共提取和设计了 76 个关于隐性人力资本的构念题项。为了题项的表述更加精准，必须进行题项修正。修正主要采用半结构化企业深度访谈、企业案例研究、对问卷的初步评测、专家评审等净化题项方法。

1）半结构化企业深度访谈。半结构化访谈就是根据一个粗线条式的对隐性人力资本的访谈提纲，针对企业高管进行的非正式的深度访谈。考虑本人一直在内蒙古学习，近年来一直在内蒙古呼包鄂"金三角"经济带，对各家企业相对熟悉，这对本次访谈也提供了便捷性。为了增加已初步得到的测量题项的准确性，更好地接近现实情况，本次约请了具有行业代表性的 15 家企业高层决策者和管理人员进行了访谈，访谈企业的基本资料如表 3 - 7 所示。

表 3 - 7　访谈企业的基本资料

| 编号 | 企业名称 | 所属地 | 访谈对象 | 所属行业 |
|---|---|---|---|---|
| E1 | 内蒙古电力学院 | 呼和浩特 | 分管第一校长 | 电力产业研发及教育 |
| E2 | 内蒙古电力勘测院 | 呼和浩特 | 分管院长 | 电力产业研发及教育 |
| E3 | 内蒙古伊利集团 | 呼和浩特 | 集团副总裁 | 乳业研发及生产和乳业金融 |
| E4 | 呼和浩特金川、金山高新产业园 | 呼和浩特 | 招商局企业部局长 | 园区企业管理及策划 |
| E5 | 内蒙古伊泰集团 | 鄂尔多斯 | 人力资源总经理 | 煤炭开采、加工、房地产、物流和环保 |
| E6 | 内蒙古伊东集团 | 鄂尔多斯 | 综合部总经理 | 煤炭开采、加工、房地产、物流和环保 |
| E7 | 内蒙古汇能集团 | 鄂尔多斯 | 总经理 | 煤炭开采、加工、房地产、物流和环保 |
| E8 | 内蒙古亿利资源集团 | 鄂尔多斯 | 人力资源总经理 | 煤炭开采、加工及沙产业 |

| 编号 | 企业名称 | 所属地 | 访谈对象 | 所属行业 |
|------|----------|--------|----------|----------|
| E9 | 鄂尔多斯康巴什煤化及装备产业园 | 鄂尔多斯 | 招商局企业部局长 | 园区企业管理及策划 |
| E10 | 包钢股份 | 包头 | 人力资源总经理 | 钢铁和稀土 |
| E11 | 东方希望稀土铝业有限责任公司 | 包头 | 总经理 | 有色冶金 |
| E12 | 中铝包头铝业公司 | 包头 | 总经理 | 有色冶金 |
| E13 | 内蒙古小尾羊餐饮连锁管理公司 | 包头 | 董事长 | 特色绿色产业 |
| E14 | 内蒙古快乐小羊餐饮连锁管理公司 | 包头 | 董事 | 特色绿色产业 |
| E15 | 包头稀土高新产业园 | 包头 | 招商局企业部局长 | 特色工业园区 |

访谈围绕以下问题展开（包括后续实证研究的访谈内容）（详见本书附录A）

1. 隐性人力资本基于什么？知识转化为隐性人力资本你认为对企业的优势是什么？

2. 在企业中，隐性人力资本的构成维度、构成因素是什么？这些因素促进了贵公司的利润、管理提升了吗？

3. 这些构成因素在企业中体现在什么方面？贵公司在生产经营过程中认为这些因素会发生作用吗？

4. 个人与组织团队合作，知识创新共享及知识积累对企业会带来什么？

5. 贵公司如何重视隐性人力资本的持有和创新？

6. 个人隐性人力资本是如何形成、转化和创造的？

7. 个人隐性人力资本的特性是什么？员工个人智力水准、个人价值观以及个人社会关系充分发挥在本企业中，你认为重要性如何？

8. 个人隐性人力资本流失对企业会带来什么后果？企业采取什么措施留住这些资产？企业管理者对隐性人力资本的流失会给企业带来丧失竞争力的危害，

进而招致企业灭亡的观点完全理解了吗？

9. 企业组织对个人隐性人力资本的保持会起到什么作用？如何保持？企业情感管理、技术研发协同意愿和组织社会关系会给公司发展带来什么动力？本企业对管理企业发展核心能力资产和对外交流持什么态度？

10. 个人隐性人力资本和组织隐性人力资本会给企业带来多大程度的竞争优势，通过形成什么能力保持强劲的核心竞争力？专有团队隐性人力资本形成能力、企业知识创新共享能力、企业隐性人力资本积累能力是保持企业核心竞争力的核心能力吗？

11. 隐性人力资本形成后具有战略导向作用吗？

12. 市场导向和技术导向哪个更具有促使企业建立竞争优势，提升核心竞争力的导向作用？

13. 对企业发展战略乃至国家战略的制定会提供什么样的理论支持？

14. 隐性人力资本通过何种方式会激发企业长久保持竞争力而不僵化？

具体访谈企业情况见表 3-8 和表 3-9。

表 3-8　专家对企业个人隐性人力资本测量问卷评价结果

| 企业个人隐性人力资本测量问卷 | 专家评审结果 | | | | | | 内容效度比 |
|---|---|---|---|---|---|---|---|
| | A | B | C | D | E | F | |
| 1. 具备从事工作的知识和特殊技能 | √ | √ | √ | √ | √ | √ | 0.59 |
| 2. 具备从事工作所需的不可模仿的经验 | √ | √ | √ | √ | √ | √ | 1.00 |
| 3. 具备岗位要求的特种资质 | | | √ | √ | √ | | -0.27 |
| 4. 在企业中工作需要人际脉络 | √ | | | | | | -0.29 |
| 5. 技术熟练并愿意与其他个人分享技术要领 | √ | √ | √ | √ | √ | √ | 1.00 |
| 6. 利用所学高效解决疑难问题 | √ | √ | √ | √ | √ | √ | 1.00 |
| 7. 愿意将个人技术成果倾注于企业 | √ | √ | √ | √ | √ | √ | 1.00 |
| 8. 认为过时的技术方案有利于使现有研发少走弯路 | | | √ | √ | √ | | -0.31 |
| 9. 总经理具备丰富的管理经营企业特质能力 | √ | | √ | √ | √ | | -0.30 |
| 10. 核心技术人员具备推动企业创新能力 | | | | | | | 0.89 |
| 11. 员工具有强烈愿望融入专有团队工作，愿意贡献自己的力量 | √ | √ | √ | √ | √ | √ | 1.00 |

续表

| 企业个人隐性人力资本测量问卷 | 专家评审结果 | | | | | | 内容效度比 |
|---|---|---|---|---|---|---|---|
| | A | B | C | D | E | F | |
| 12. 员工不遗余力开展技术研发，共同参与并相互学习技术长处 | √ | √ | √ | √ | √ | √ | 0.38 |
| 13. 员工主动提出技术合理化建议及改进方案并加以实施，保持技术优势 | √ | √ | √ | √ | √ | √ | 1.00 |
| 14. 员工具有较强加入技术研发团队的欲望，认为重大项目的完成需要团队的配合 | √ | √ | √ | √ | √ | √ | 1.00 |
| 15. 员工之间在遇到技术难题时会互相帮助解决并加以总结共享 | √ | √ | √ | √ | √ | √ | 1.00 |
| 16. 员工接收研发课题后会迅速达成默契进入工作状态，加强共享学习并制定正确技术路线 | √ | √ | √ | √ | √ | √ | 1.00 |
| 17. 员工通过与客户保持较好的关系获取产品使用体验，不断提高产品市场优势 | √ | √ | √ | √ | √ | √ | 0.39 |
| 18. 研发团队和同行企业研发团队保持良好的合作关系，不断学习吸收外间技术和市场经验 | √ | √ | √ | √ | √ | √ | 0.38 |
| 19. 高层和国家专业研发机构保持良好的合作关系，不断追踪国内前沿技术 | √ | √ | √ | √ | √ | √ | 0.37 |
| 20. 员工认为组织设有激励政策，为了企业利益可以努力工作 | | | √ | √ | | | −0.30 |

### 表3-9 专家对企业组织隐性人力资本测量问卷评价结果

| 企业组织隐性人力资本测量问卷 | 专家评审结果 | | | | | | 内容效度比 |
|---|---|---|---|---|---|---|---|
| | A | B | C | D | E | F | |
| 1. 企业组织设置了便于个人信息传递的渠道，员工都能够主动沟通 | √ | √ | √ | √ | √ | √ | 1.00 |
| 2. 企业组织设置了管理决策机制，员工都愿意发表意见形成集体意愿再执行 | √ | √ | | | | | −0.28 |
| 3. 企业组织建立高工作效率的各部门组合团队 | √ | √ | √ | √ | | √ | 0.36 |
| 4. 企业组织对各级别管理人员进行有效监督 | | | | | √ | √ | −0.33 |
| 5. 企业鼓励员工的创新行为并给予技术研发团队大力支持 | √ | √ | √ | √ | | √ | 1.00 |
| 6. 企业内员工互相尊重 | √ | √ | √ | √ | | √ | 1.00 |

| 企业组织隐性人力资本测量问卷 | 专家评审结果 | | | | | | 内容效度比 |
|---|---|---|---|---|---|---|---|
| | A | B | C | D | E | F | |
| 7. 企业对员工的学习给予共享平台的大力支持 | √ | √ | √ | √ | √ | √ | 1.00 |
| 8. 企业认同技术研发激励体系科学合理有效 | √ | √ | √ | √ | √ | √ | 0.62 |
| 9. 企业提供足够的资源进行新产品研发并希望构建专有团队加强研发 | √ | √ | √ | √ | √ | √ | 1.00 |
| 10. 企业对有竞争力的高技术希望不断研发储备以适应未来市场需求 | √ | √ | √ | √ | √ | √ | 1.00 |
| 11. 企业有着完整的业务流程体系并很好地支持组织技术创新 | √ | √ | √ | √ | √ | √ | −0.27 |
| 12. 企业为了保护研究成果不被模仿形成了大量有价值的专利 | √ | √ | √ | √ | √ | √ | 1.00 |
| 13. 企业拥有很多先进的技术工艺操作法和技术诀窍并长期给予制度激励加以提升 | √ | √ | √ | √ | √ | √ | 1.00 |
| 14. 企业对核心技术和商标保护严格管理，不被竞争对手赶超 | √ | √ | √ | √ | √ | √ | 1.00 |
| 15. 企业对用于生产、研发的知识及高精技术严格保密 | √ | √ | √ | √ | √ | √ | −0.31 |
| 16. 企业销售出的产品因质优价廉有很高的性价比，因而有很高的市场占有率 | √ | √ | √ | √ | √ | √ | 1.00 |
| 17. 企业因长期专注于顾客使用价值并给予优质的售后服务，积累了很好的商誉 | √ | √ | √ | √ | √ | √ | 1.00 |
| 18. 企业通过技术研发生产出了优质的产品，得到了客户的认可，增加了客户忠诚度 | √ | √ | √ | √ | √ | √ | 1.00 |
| 19. 企业因在社会上有良好的商誉，金融机构在资金上给予了低成本融资，建立了非常好的信用关系 | √ | √ | √ | √ | √ | √ | 1.00 |
| 20. 企业因有良好的市场表现并按时足额缴纳税款，政府给予科技项目优先审批，优先准入，优先建设，优先验收投产的特权，保持着很好的政企关系 | √ | √ | √ | √ | √ | √ | 1.00 |

　　本人在从事产品营销过程中，能够很便利地接触到企业高层，曾多次面对面在企业沟通和交流，访谈围绕企业发展过程中隐性人力资本在制定企业战略、管理和运营、增强企业市场竞争力方面产生影响时企业所做出的举措、应对策略及存在的问题来开展。通过访谈，可以进一步了解到这些企业高层决策者和管理者

对于隐性人力资本的认知以及对战略导向作用的理解，以及这些企业对隐性人力资本在企业遇到困境时发挥作用的感知及思考。一方面，被访谈者普遍认为企业中员工掌握的核心知识、技术要素、能力要素是在企业组织中发挥作用的本源要素，是使企业长久发展及能够带来核心竞争力的能动之源；另一方面，被访谈者普遍认为企业掌握的隐性人力资本比实物资金重要得多。

通过借鉴以前学者的研究成果加上本人的相关研究，共整理出关于个人隐性人力资本和组织隐性人力资本的题项共 76 个。通过对内蒙古呼包鄂"金三角"经济带的 8 家企业及相应企业高层决策者的多次面对面访谈，通过删改、整合后得到 42 个题项，其中 23 个是通过总结访谈企业中高层管理者得出的观点，这些管理者都拥有丰富的管理和实战经验。

2）本人结合《中国第三届 MBA 管理案例评选百优案例集锦》，着眼于内蒙古呼包鄂"金三角"经济带企业，总结了 6 个企业案例材料（见附录 C）。着重对这 6 个企业隐性人力资本的发展情况及企业的发展战略方面做了具体分析。

案例研究表明，成功企业非常重视隐性人力资本管理，无论个人或组织。对于失败企业往往忽视企业隐性人力资本管理，一味注重实物投资，不注重知识学习和转化为生产力内部机制形成的研究。在经营过程中没有明确的战略导向，不注重隐性人力资本在企业内的技术导向作用和在产品销售过程的市场导向作用，说明企业在经营过程中如果不注重人才培养，最终企业被竞争对手吞噬将走向灭亡的道理。经过案例研究，隐性人力资本测量题项设计更加贴近企业实际情况，最后删除了 2 个题项，修改了 2 个题项的陈述。

3）经过以上设计，基本形成了共包含 40 个题项的企业隐性人力资本测量问卷。为了考查问卷题项的合理性，又将问卷发放到内蒙古呼包鄂"金三角"经济带 8 个访谈企业进行评价，除了针对其中 1 个题项有人提出表述性问题外，其余没有删减。因此，初步确定这 40 个题项符合企业隐性人力资本问卷设计，为下一步工作奠定了基础。

4）为了证明测量题项设计的科学性，特别邀请了内蒙古工业大学、内蒙古财经大学、内蒙古科技大学三位经济领域的教授及内蒙古伊利集团、伊泰集团、包钢股份三位代表企业家对 40 个测量题项进行内容效度的评价，对调查问卷的有效性做出判定。本书采用内容效度比（CVR）删除内容效度偏低题项的方法。经过计算和分析，在《企业个人隐性人力资本测量问卷》中删除了第 3、第 4、第 8、第 9、第 20 题项，因它们的 CVR 值为负数。在《企业组织隐性人力资本测量问卷》中删除了第 2、第 4、第 11、第 15 题项，因为它们的 CVR 值也为负数。经过剔除不符合项，形成了 31 个初始题项，其中个人隐性人力资本 15 项，组织隐性人力资本 16 项，见表 3 – 10 和表 3 – 11。

表 3 – 10　企业个人隐性人力资本初始测量题项

| 一级指标 | 二级指标 | 测量题项 |
|---|---|---|
| 个人隐性人力资本 IHC | 个人智力水准 IHC – 1 | ihc1. 具备从事工作的知识和特殊技能 |
| | | ihc2. 具备从事工作所需的不可模仿的经验 |
| | | ihc3. 技术熟练并愿意与其他个人分享技术要领 |
| | | ihc4. 利用所学高效解决疑难问题 |
| | | ihc5. 愿意将个人技术成果倾注于企业 |
| | | ihc6. 核心技术人员具备推动企业创新能力 |
| | 个人价值观 IHC – 2 | ihc7. 员工具有强烈愿望融入专有团队工作，愿意贡献自己的力量 |
| | | ihc8. 员工不遗余力开展技术研发，共同参与并相互学习技术长处 |
| | | ihc9. 员工主动提出技术合理化建议及改进方案并加以实施，保持技术优势 |
| | 个人社会关系 IHC – 3 | ihc10. 员工具有较强加入技术研发团队的欲望，认为重大项目的完成需要团队的配合 |
| | | ihc11. 员工之间在遇到技术难题时会互相帮助解决并加以总结共享 |
| | | ihc12. 员工接收研发课题后会迅速达成默契进入工作状态，加强共享学习并制定正确技术路线 |
| | | ihc13. 员工通过与客户保持较好的关系获取产品使用体验，不断提高产品市场优势 |
| | | ihc14. 研发团队和同行企业研发团队保持良好的合作关系，不断学习吸收外间技术和市场经验 |
| | | ihc15. 高层和国家专业研发机构保持良好的合作关系，不断追踪国内前沿技术 |

表3-11 企业组织隐性人力资本初始测量题项

| 一级指标 | 二级指标 | 测量题项 |
|---|---|---|
| 组织隐性人力资本 OHC | 情感管理 OHC-1 | ohc1. 企业组织设置了便于个人信息传递的渠道，员工都能够主动沟通 |
| | | ohc2. 企业组织建立高工作效率的各部门组合团队 |
| | | ohc3. 企业鼓励员工的创新行为并给予技术研发团队大力支持 |
| | | ohc4. 企业内员工互相尊重 |
| | | ohc5. 企业对员工的学习给予共享平台的大力支持 |
| | | ohc6. 企业认同技术研发激励体系科学合理有效 |
| | 技术研发协同意愿 OHC-2 | ohc7. 企业提供足够的资源进行新产品研发并希望构建专有团队加强研发 |
| | | ohc8. 企业对有竞争力的高技术希望不断研发储备以适应未来市场需求 |
| | | ohc9. 企业为了保护研究成果不被模仿形成了大量有价值的专利 |
| | | ohc10. 企业拥有很多先进的技术工艺操作法和技术诀窍并长期给予制度激励加以提升 |
| | | ohc11. 企业对核心技术和商标保护严格管理，不被竞争对手赶超 |
| | 组织社会关系 OHC-3 | ohc12. 企业销售出的产品因质优价廉有很高的性价比，因而有很高的市场占有率 |
| | | ohc13. 企业因长期专注于顾客使用价值并给予优质的售后服务，积累了很好的商誉 |
| | | ohc14. 企业通过技术研发生产出了优质的产品，得到了客户的认可，增加了客户忠诚度 |
| | | ohc15. 企业因在社会上有良好的商誉，金融机构在资金上给予了低成本融资，建立了非常好的信用关系 |
| | | ohc16. 企业因有良好的市场表现并按时足额缴纳税款，政府给予科技项目优先审批，优先准入，优先建设，优先验收投产的特权，保持着很好的政企关系 |

### 3.2.3 预调研与提炼测量题项

在调研时，对每个题项采用"非常不同意""基本不同意""不确定""比较同意""非常同意"的 Likert 5 点尺度测量方法，可以采用统计方法利用较少的数据对量表信度和效度进行检验，使问卷调查更加科学合理，如表 3-12 所示。

表 3 – 12　调查问卷 Likert 5 量表形式

| 序号 | 题项 | 非常同意 | 比较同意 | 不确定 | 基本不同意 | 非常不同意 |
|------|------|---------|---------|--------|-----------|-----------|
| 1 | 本企业员工具备所从事工作岗位的知识水平 | 5 | 4 | 3 | 2 | 1 |
| … | … | | | | | |

预调研采用随机抽样的方法，从公司客户管理系统中对内蒙古呼包鄂"金三角"经济带代表企业中选出初试问卷调研对象，随机抽取 50 人作为样本，通过销售系统采用电子邮件的方式进行了调查。发放问卷、回收问卷和有效问卷各有 182 份、159 份、135 份，回收率为 72%，满足调研回收率不低于 20% 的要求。

CITC 值和 Cronbach's $\alpha$ 分别为净化量表题项和检验内部一致性信度的测量指标。按照统计学要求，CITC 标准值为 0.5，小于 0.5 为不合理项，在没有其他理由的情况下必须删除。同时还需要运算 Cronbach's $\alpha$ 值，观察删除题项后 Cronbach's $\alpha$ 值是否显著提升。

（1）内部一致性信度分析。使用软件对隐性人力资本维度测量题项进行 Cronbach's $\alpha$ 值和 CITC 值计算，相应计算数据见表 3 – 13 和表 3 – 14。

表 3 – 13　个人隐性人力资本测量题项的 CITC 和信度分析结果

| 维度 | 测量题项 | CITC 值 | 删除题项后的 Cronbach's $\alpha$ 值 | Cronbach's $\alpha$ 值 |
|------|---------|---------|-----------------------------------|----------------------|
| IHC – 1 | ihc1 | 0.7760 | 0.8110 | 0.8387 |
| | ihc2 | 0.7963 | 0.8021 | |
| | ihc3 | 0.4289 | 0.8110 | |
| | ihc4 | 0.6480 | 0.8813 | |
| | ihc5 | 0.5229 | 0.7996 | |
| | ihc6 | 0.6689 | 0.8315 | |

续表

| 维度 | 测量题项 | CITC 值 | 删除题项后的 Cronbach's α 值 | Cronbach's α 值 |
|------|----------|---------|------------------------------|------------------|
| IHC – 2 | ihc7 | 0.7239 | 0.7653 | 0.7874 |
| | ihc8 | 0.6120 | 0.6843 | |
| | ihc9 | 0.6897 | 0.7214 | |
| IHC – 3 | ihc10 | 0.5759 | 0.6816 | 0.7885 |
| | ihc11 | 0.6854 | 0.6629 | |
| | ihc12 | 0.7320 | 0.7893 | |
| | ihc13 | 0.7096 | 0.7369 | |
| | ihc14 | 0.3876 | 0.8103 | |
| | ihc15 | 0.6415 | 0.7019 | |

表 3 – 14　组织隐性人力资本测量题项的 CITC 和信度分析结果

| 维度 | 测量题项 | CITC 值 | 删除题项后的 Cronbach's α 值 | Cronbach's α 值 |
|------|----------|---------|------------------------------|------------------|
| OHC – 1 | ohc1 | 0.5760 | 0.6982 | 0.8121 |
| | ohc2 | 0.6963 | 0.6721 | |
| | ohc3 | 0.4289 | 0.8310 | |
| | ohc4 | 0.6580 | 0.6713 | |
| | ohc5 | 0.6229 | 0.7096 | |
| | ohc6 | 0.7689 | 0.7915 | |
| OHC – 2 | ohc7 | 0.5239 | 0.7453 | 0.7746 |
| | ohc8 | 0.3120 | 0.6843 | |
| | ohc9 | 0.3897 | 0.7214 | |
| | ohc10 | 0.7518 | 0.6778 | |
| | ohc11 | 0.6287 | 0.7229 | |
| OHC – 3 | ohc12 | 0.4759 | 0.8816 | 0.8216 |
| | ohc13 | 0.7454 | 0.8029 | |
| | ohc14 | 0.6920 | 0.7893 | |
| | ohc15 | 0.5796 | 0.7369 | |
| | ohc16 | 0.6276 | 0.6103 | |

从以上数据分析可见，个人隐性人力资本中个人智力水准、个人价值观以及个人社会关系三个维度的 Cronbach's α 值分别为 0.8387、0.7874、0.7885，都大于规定的 0.5 值，说明测量调研量表开发具有很高的可靠性。而 CITC 系数中 ihc3、ihc14 这两个值低于 0.5，同时删除后 Cronbach's α 值显著提升，必须要删除，其余都可保留。组织隐性人力资本中情感管理、技术研发协同意愿和组织社会关系三个维度的 Cronbach's α 值分别为 0.8121、0.7746、0.8216，都大于规定的 0.5 值，说明测量调研量表开发具有很高的可靠性。而 CITC 系数中 ohc3、ohc9、ohc12 这三个值低于 0.5，同时删除这三个指标后 Cronbach's α 值显著提升，其余都可保留作为下一步研究的对象。

（2）探索性因子分析。探索性因子分析是通过统计软件进行因子分析后，以因子负荷量来萃取因子，并对因子加以命名检验各个题项的一种方法。统计学上探索性因子 KMO 值一般确定为大于 0.5，并通过方差最大化正交旋转（Varimax）来取舍题项。本书在进行探测性因子分析时也采用上述方法，通过对调研数据进行统计分析计算，如表 3 - 15 和表 3 - 16 所示。

表 3 - 15　个人隐性人力资本探索性因子研究

| 因子 | 特征根 | 方差解释比率 | 累计方差解释比率 |
|------|--------|--------------|------------------|
| 1 | 4.845 | 39.533 | 39.752 |
| 2 | 2.982 | 20.89 | 59.993 |
| 3 | 1.372 | 8.791 | 68.661 |

表 3 - 16　组织隐性人力资本探索性因子研究

| 因子 | 特征根 | 方差解释比率 | 累计方差解释比率 |
|------|--------|--------------|------------------|
| 1 | 5.845 | 41.533 | 40.652 |
| 2 | 2.182 | 15.891 | 56.993 |
| 3 | 1.672 | 12.794 | 69.662 |

从以上数据可知，所有因子特征根都大于 1，其他数据都符合统计要求，因

子与构成相一致。

采用主成分分析法，对数据运算得到运算结果如表 3 - 17 和表 3 - 18 所示。

表 3 - 17　个人隐性人力资本主成分分析法分析结果

| 维度 | 测量题项 | 因子 | | |
|---|---|---|---|---|
| | | IHC - 1 | IHC - 2 | IHC - 3 |
| IHC - 1 | ihc1 | 0.132 | 0.723 | 0.313 |
| | ihc2 | 0.278 | 0.802 | 0.113 |
| | ihc4 | 0.046 | 0.881 | 0.263 |
| | ihc5 | - 0.005 | 0.799 | 0.363 |
| | ihc6 | 0.159 | 0.767 | 0.206 |
| IHC - 2 | ihc7 | 0.147 | 0.289 | 0.832 |
| | ihc8 | 0.145 | 0.390 | 0.795 |
| | ihc9 | 0.152 | 0.363 | 0.784 |
| IHC - 3 | ihc10 | 0.675 | 0.344 | 0.147 |
| | ihc11 | 0.885 | 0.139 | 0.223 |
| | ihc12 | 0.732 | 0.079 | 0.123 |
| | ihc13 | 0.809 | 0.139 | - 0.035 |
| | ihc15 | 0.789 | 0.221 | 0.127 |

表 3 - 18　组织隐性人力资本主成分分析法分析结果

| 维度 | 测量题项 | 因子 | | |
|---|---|---|---|---|
| | | OHC - 1 | OHC - 2 | OHC - 3 |
| OHC - 1 | ohc1 | 0.732 | 0.523 | 0.313 |
| | ohc2 | 0.778 | 0.302 | 0.113 |
| | ohc4 | 0.846 | 0.281 | 0.263 |
| | ohc5 | 0.806 | 0.029 | 0.043 |
| | ohc6 | 0.706 | 0.195 | 0.206 |
| OHC - 2 | ohc7 | 0.147 | 0.223 | 0.732 |
| | ohc8 | 0.145 | 0.590 | 0.595 |
| | ohc10 | 0.152 | 0.225 | 0.784 |
| | ohc11 | 0.127 | 0.325 | 0.684 |

续表

| 维度 | 测量题项 | 因子 | | |
|---|---|---|---|---|
| | | OHC – 1 | OHC – 2 | OHC – 3 |
| OHC – 3 | ohc13 | 0.097 | 0.777 | 0.243 |
| | ohc14 | 0.385 | 0.678 | 0.210 |
| | ohc15 | 0.198 | 0.801 | 0.129 |
| | ohc16 | 0.126 | 0.739 | 0.257 |

　　探索性因子分析中，ihc5 和 ohc8 负载系数低于 0.6，交叉负载情况较为明显的，需删除。最后得到个人隐性人力资本和组织隐性人力资本各 12 个题项，如表 3 – 19 和表 3 – 20 所示。

表 3 – 19　企业个人隐性人力资本初始测量题项

| 一级指标 | 二级指标 | 测量题项 |
|---|---|---|
| 个人隐性人力资本 IHC | 个人智力水准 IHC – 1 | ihc1. 具备从事工作的知识和特殊技能<br>ihc2. 具备从事工作所需的不可模仿的经验<br>ihc3. 利用所学高效解决疑难问题<br>ihc4. 核心技术人员具备推动企业创新能力 |
| | 个人价值观 IHC – 2 | ihc5. 员工具有强烈愿望融入专有团队工作，愿意贡献自己的力量<br>ihc6. 员工不遗余力开展技术研发，共同参与并相互学习技术长处<br>ihc7. 员工主动提出技术合理化建议及改进方案并加以实施，保持技术优势 |
| | 个人社会关系 IHC – 3 | ihc8. 员工具有较强加入技术研发团队的欲望，认为重大项目的完成需要团队的配合<br>ihc9. 员工之间在遇到技术难题时会互相帮助解决并加以总结共享<br>ihc10. 员工接收研发课题后会迅速达成默契进入工作状态，加强共享学习并制定正确技术路线<br>ihc11. 员工通过与客户保持较好的关系获取产品使用体验，不断提高产品市场优势<br>ihc12. 高层和国家专业研发机构保持良好的合作关系，不断追踪国内前沿技术 |

表 3-20　企业组织隐性人力资本初始测量题项

| 一级指标 | 二级指标 | 测量题项 |
|---|---|---|
| 组织隐性人力资本 OHC | 情感管理 OHC-1 | ohc1. 企业组织设置了便于个人信息传递的渠道，员工都能够主动沟通<br>ohc2. 企业组织建立高工作效率的各部门组合团队<br>ohc3. 企业内员工互相尊重<br>ohc4. 企业对员工的学习给予共享平台的大力支持<br>ohc5. 企业认同技术研发激励体系科学合理有效 |
| | 技术研发协同意愿 OHC-2 | ohc6. 企业提供足够的资源进行新产品研发并希望构建专有团队加强研发<br>ohc7. 企业拥有很多先进的技术工艺操作法和技术诀窍并长期给予制度激励加以提升<br>ohc8. 企业对核心技术和商标保护严格管理，不被竞争对手赶超 |
| | 组织社会关系资本 OHC-3 | ohc9. 企业因长期专注于顾客使用价值并给予优质的售后服务，积累了很好的商誉<br>ohc10. 企业通过技术研发生产出了优质的产品，得到了客户的认可，增加了客户忠诚度<br>ohc11. 企业因在社会上有良好的商誉，金融机构在资金上给予了低成本融资，建立了非常好的信用关系<br>ohc12. 企业因有良好的市场表现并按时足额缴纳税款，政府给予科技项目优先审批，优先准入，优先建设，优先验收投产的特权，保持着很好的政企关系 |

# 3.3　隐性人力资本正式测量与检验

## 3.3.1　数据获取和样本情况描述

考虑到二次调研数据有所不同，为了保证正式调研数据有更高的可靠性，因此在正式调研过程中没有放入预调研数据。

在呼和浩特、包头、鄂尔多斯三个地区三个城市和直属三个县城所在地区的高校和研发机构发放了问卷获取正式调研数据，共发放问卷620份（由于工作量大，内蒙古科技大学管理学院的三位硕士研究生也给予了帮助）。经过四个月的时间，共回收问卷412份，经过筛选，有效问卷359份，有效回收率为57.9%。问卷的调查对象特征见表3-21。

表3-21 调查样本特征情况

| 企业所有权性质 | 频数 | 百分比（%） | 年均营业收入 | 频数 | 百分比（%） |
|---|---|---|---|---|---|
| 国有 | 24 | 23.90 | 5000万以下 | 15 | 15.00 |
| 民营 | 63 | 64.20 | 5000万~1亿 | 25 | 23.72 |
| 上市 | 5 | 3.60 | 100000001~5亿 | 31 | 31.58 |
| 合资 | 9 | 8.30 | 5亿以上 | 30 | 29.70 |
| 员工数量 | 频数 | 百分比（%） | 职务 | 频数 | 百分比（%） |
| 100人以下 | 26 | 25.70 | 高层管理/技术人员 | 17 | 16.80 |
| 100~500人 | 38 | 37.62 | 中层管理/技术人员 | 47 | 46.50 |
| 501~1000人 | 28 | 27.72 | 基层管理/技术人员 | 24 | 23.80 |
| 1001~5000人 | 6 | 5.98 | 普通员工 | 13 | 12.90 |
| 5000人以上 | 3 | 2.98 | 其他 | 0 | 0 |
| 行业 | 频数 | 百分比（%） | 企划部门 | 频数 | 百分比（%） |
| 钢铁、稀土 | 3 | 5.60 | 技术部门 | 30 | 29.70 |
| 电力 | 15 | 27.00 | 生产部门 | 24 | 23.70 |
| 煤炭开采及深加工 | 20 | 37.63 | 人力资源部门 | 8 | 8.00 |
| 铜铝有色冶炼 | 4 | 7.41 | 质量管理部门 | 19 | 18.80 |
| 乳业 | 5 | 9.33 | 销售部门 | 4 | 4.00 |
| 生物制药 | 5 | 9.33 | 其他部门 | 10 | 9.90 |
| 大数据 | 2 | 3.70 | | | |

由表3-21分析可见，本次问卷调查很好地反映了呼包鄂经济圈的特色产业，包括乳业、电力、煤炭开采及深加工、生物制药、钢铁、稀土、铜铝有色冶炼、大数据等行业。来自于乳业、煤炭开采及深加工，大数据行业的企业共56

家，样本占比为 56%。从各类企业调查数据中也可以看出内蒙古呼包鄂"金三角"经济带产业乳业积聚、重工业和煤炭开采行业体量较大。同时表中也对企业人数规模、答题者职务及在企业中所处部门做了分析。

### 3.3.2 量表信度检验与因子分析

（1）量表信度检验。Cronbach's α 系数是内部一致性检验的常用指标。该指标是由 Cronbach 于 1951 年开发出来的，Cronbach's α 系数为多维量表测量内部一致性的一种判定方法，在各项实证研究中被广泛使用。经过对收回的有效问卷的统计研究，对企业隐性人力资本两个维度的量表进行了信度检验，具体结果见表 3 - 22 和表 3 - 23。

**表 3 - 22　个人隐性人力资本信度检验**

| 维度 | 测量题项 | CITC 值 | 删除题项后的 Cronbach's α 值 | Cronbach's α 值 | 组成信度 |
|------|----------|---------|------------------------------|-----------------|----------|
| IHC - 1 | ihc1 | 0.6360 | 0.7339 | 0.7743 | 0.8124 |
| | ihc2 | 0.6963 | 0.7420 | | |
| | ihc3 | 0.4189 | 0.6602 | | |
| | ihc4 | 0.6480 | 0.7449 | | |
| IHC - 2 | ihc5 | 0.6239 | 0.7453 | 0.7215 | 0.8498 |
| | ihc6 | 0.6020 | 0.6343 | | |
| | ihc7 | 0.6797 | 0.7114 | | |
| IHC - 3 | ihc8 | 0.5659 | 0.6516 | 0.7678 | 0.8368 |
| | ihc9 | 0.6754 | 0.6329 | | |
| | ihc10 | 0.7220 | 0.7293 | | |
| | ihc11 | 0.6996 | 0.7169 | | |
| | ihc12 | 0.3776 | 0.7003 | | |

表3-23 组织隐性人力资本信度检验

| 维度 | 测量题项 | CITC 值 | 删除题项后的 Cronbach's α 值 | Cronbach's α 值 | 组成信度 |
|------|---------|---------|------------------------------|-----------------|---------|
| OHC-1 | ohc1 | 0.5660 | 0.6882 | 0.8021 | 0.8683 |
| | ohc2 | 0.6863 | 0.6621 | | |
| | ohc3 | 0.4189 | 0.8210 | | |
| | ohc4 | 0.6480 | 0.6613 | | |
| | ohc5 | 0.6211 | 0.7086 | | |
| OHC-2 | ohc6 | 0.5217 | 0.7443 | 0.7646 | 0.8123 |
| | ohc7 | 0.7116 | 0.6843 | | |
| | ohc8 | 0.3896 | 0.7114 | | |
| OHC-3 | ohc9 | 0.4756 | 0.8715 | 0.8202 | 0.8299 |
| | ohc10 | 0.7452 | 0.8019 | | |
| | ohc11 | 0.6917 | 0.7793 | | |
| | ohc12 | 0.5693 | 0.7359 | | |

从以上计算数据可以发现，个人隐性人力资本和组织隐性人力资本各个题项的 CITC 值都大于0.5，且删任一题项 Cronbach's α 值都会明显减小，从而所有题项都得到了保留。而各个 Cronbach's α 系数都比较高，组成信度都大于0.8，正式测量调研量表验证了三个维度的划分很好地表达了隐性人力资本。由此，企业隐性人力资本两个维度调查量表通过了信度检验。

（2）探索性因子分析。对调查问卷数据做了信度检验后，还要进行效度检验，对企业隐性人力资本维度各个题项进行探索性因子分析。根据 Kaiser（1974）的观点，当 KMO 值小于0.5时不适合做因子分析。本书也采用这个方法先对相关题项通过了球形检验，值为1865.934，自由度为51，P < 0.001，累计方差变动为68.13%，符合显著标准，个人隐性人力资本探索性因子分析见表3-24。

表3-24　个人隐性人力资本探索性因子分析

| 维度 | 测量题项 | 因子 | | |
| --- | --- | --- | --- | --- |
| | | IHC-1 | IHC-2 | IHC-3 |
| IHC-1 | ihc1 | 0.342 | 0.873 | 0.323 |
| | ihc2 | 0.338 | 0.822 | 0.303 |
| | ihc3 | 0.256 | 0.791 | 0.463 |
| | ihc4 | 0.379 | 0.867 | 0.386 |
| IHC-2 | ihc5 | 0.167 | 0.189 | 0.822 |
| | ihc6 | 0.125 | 0.350 | 0.765 |
| | ihc7 | 0.162 | 0.163 | 0.864 |
| IHC-3 | ihc8 | 0.775 | 0.244 | -0.107 |
| | ihc9 | 0.785 | 0.129 | 0.221 |
| | ihc10 | 0.632 | -0.049 | 0.172 |
| | ihc11 | 0.819 | 0.129 | 0.095 |
| | ihc12 | 0.839 | 0.227 | 0.147 |

组织隐性人力资本的12个题项的KMO值为0.745（P<0.001），符合统计要求的检验标准，组织隐性人力资本探索性因子分析见表3-25。

表3-25　组织隐性人力资本探索性因子分析

| 维度 | 测量题项 | 因子 | | |
| --- | --- | --- | --- | --- |
| | | OHC-1 | OHC-2 | OHC-3 |
| OHC-1 | ohc1 | 0.832 | 0.223 | 0.073 |
| | ohc2 | 0.768 | 0.312 | -0.193 |
| | ohc3 | 0.841 | 0.181 | 0.253 |
| | ohc4 | 0.682 | 0.119 | 0.123 |
| | ohc5 | 0.743 | 0.122 | 0.319 |
| OHC-2 | ohc6 | 0.148 | -0.023 | 0.632 |
| | ohc7 | 0.155 | 0.290 | 0.695 |
| | ohc8 | 0.098 | 0.275 | 0.784 |

| 维度 | 测量题项 | 因子 | | |
|------|----------|------|------|------|
| | | OHC－1 | OHC－2 | OHC－3 |
| OHC－3 | ohc9 | 0.130 | 0.779 | 0.253 |
| | ohc10 | 0.365 | 0.688 | 0.003 |
| | ohc11 | 0.198 | 0.701 | 0.130 |
| | ohc12 | 0.126 | 0.749 | 0.357 |

### 3.3.3　量表收敛效度分析

收敛效度是指测量同一维度的不同题项的集结程度。收敛效度包括题项的标准化负荷系数以及平均方差提取量。验证性因子分析（CFA）可检验测量量表的收敛度。

对个人隐性人力资本收敛效度的分析情况见表 3－26 和图 3－3。测量量表的每个题项的标准化负荷系数均大于 0.5（$P \leqslant 0.001$），显著性好，说明测量题项的收敛度也好，从而题项的单维度性也好。采用软件 Lisrel 8.7 分析个人隐性人力资本的 SMC 值为 0.67～0.79，这说明测量题项的信度可接受。

表 3－26　个人隐性人力资本收敛效度分析

| 潜变量名称 | 观察变量代码 | 标准化负荷系数 | 置信水平 | T 值 | SMC | 标准化误差项 | 平均方差提取量 | 组成信度 |
|------------|--------------|----------------|----------|------|-----|--------------|----------------|----------|
| IHC－1 | ihc1 | 0.68 | $P \leqslant 0.001$ | 8.38 | 0.75 | 0.25 | 0.6128 | 0.8224 |
| | ihc2 | 0.69 | | 11.23 | 0.71 | 0.29 | | |
| | ihc3 | 0.72 | | 9.14 | 0.73 | 0.27 | | |
| | ihc4 | 0.67 | | 11.25 | 0.77 | 0.23 | | |
| IHC－2 | ihc5 | 0.68 | $P \leqslant 0.001$ | 8.90 | 0.68 | 0.32 | 0.6227 | 0.8398 |
| | ihc6 | 0.67 | | 8.47 | 0.69 | 0.30 | | |
| | ihc7 | 0.67 | | 9.91 | 0.72 | 0.29 | | |

续表

| 潜变量名称 | 观察变量代码 | 标准化负荷系数 | 置信水平 | T值 | SMC | 标准化误差项 | 平均方差提取量 | 组成信度 |
|---|---|---|---|---|---|---|---|---|
| | ihc8 | 0.76 | | 11.65 | 0.67 | 0.31 | | |
| | ihc9 | 0.67 | | 11.32 | 0.74 | 0.30 | | |
| IHC-3 | ihc10 | 0.72 | P≤0.001 | 11.73 | 0.72 | 0.29 | 0.6631 | 0.9068 |
| | ihc11 | 0.69 | | 10.55 | 0.79 | 0.22 | | |
| | ihc12 | 0.70 | | 7.47 | 0.77 | 0.23 | | |

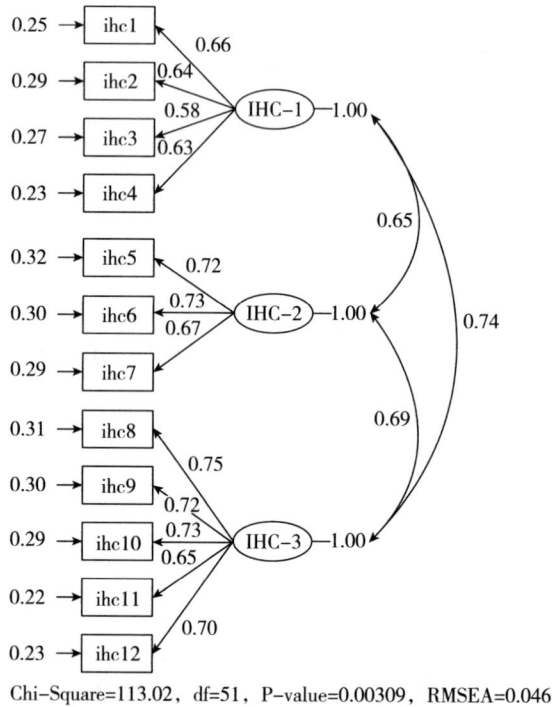

Chi-Square=113.02, df=51, P-value=0.00309, RMSEA=0.046

**图 3-3　个人隐性人力资本验证性因子分析结果**

此外，还检验了个人隐性人力资本测量模型的拟合度指标，见表 3-27。综合以上分析，本书认为个人隐性人力资本测量模型具有很好的收敛效度。

表 3 - 27　个人隐性人力资本模型拟合度指数

| 指数名称 | $\chi^2$ 拟合优度检验 | 自由度 | $\chi^2/df$ | 拟合优度指数 | 调整的拟合优度指数 | 规范拟合指数 | 比较拟合指数 | 近似误差的均方根 |
|---|---|---|---|---|---|---|---|---|
| 指数值 | 113.02 | 51 | 2.216 | 0.9 | 0.85 | 0.94 | 0.95 | 0.049 |

对组织隐性人力资本收敛效度和测量模型的拟合度指标进行分析,分析情况见表 3 - 28、表 3 - 29 和图 3 - 4,可以看出,各项指标都可接受,分析模型和数据拟合度良好,由此可知测量模型具有很好的收敛效度。

表 3 - 28　组织隐性人力资本收敛效度分析

| 潜变量名称 | 观察变量代码 | 标准化负荷系数 | 置信水平 | T 值 | SMC | 标准化误差项 | 平均方差提取量 | 组成信度 |
|---|---|---|---|---|---|---|---|---|
| OHC - 1 | ohc1 | 0.63 | P≤0.001 | 12.19 | 0.75 | 0.23 | 0.6728 | 0.9224 |
|  | ohc2 | 0.69 |  | 10.75 | 0.69 | 0.31 |  |  |
|  | ohc3 | 0.70 |  | 10.83 | 0.75 | 0.12 |  |  |
|  | ohc4 | 0.68 |  | 8.8 | 0.76 | 0.26 |  |  |
|  | ohc5 | 0.66 |  | 9.91 | 0.78 | 0.22 |  |  |
| OHC - 2 | ohc6 | 0.78 | P≤0.001 | 7.86 | 0.72 | 0.26 | 0.6727 | 0.8698 |
|  | ohc7 | 0.77 |  | 9.15 | 0.70 | 0.30 |  |  |
|  | ohc8 | 0.67 |  | 9.72 | 0.71 | 0.31 |  |  |
| OHC - 3 | ohc9 | 0.67 | P≤0.001 | 8.77 | 0.78 | 0.22 | 0.6684 | 0.8868 |
|  | ohc10 | 0.63 |  | 10.66 | 0.76 | 0.23 |  |  |
|  | ohc11 | 0.69 |  | 9.84 | 0.71 | 0.29 |  |  |
|  | ohc12 | 0.77 |  | 10.53 | 0.80 | 0.21 |  |  |

表 3 - 29　组织隐性人力资本模型拟合度指数

| 指数名称 | $\chi^2$ | df | $\chi^2/df$ | GFI | AGFI | NFI | CFI | RMSER |
|---|---|---|---|---|---|---|---|---|
| 指数值 | 113.02 | 51 | 2.216 | 0.9 | 0.85 | 0.94 | 0.95 | 0.049 |

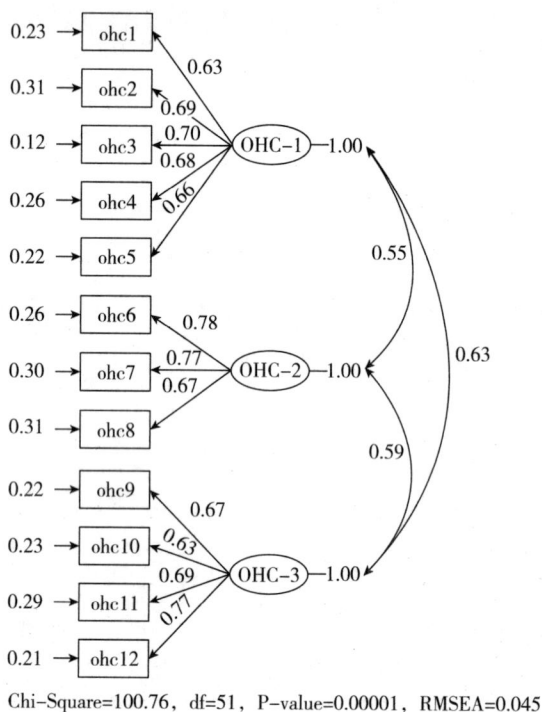

Chi-Square=100.76，df=51，P-value=0.00001，RMSEA=0.045

**图 3-4　组织隐性人力资本验证性因子分析结果**

### 3.3.4　量表区别效度分析

Hatcher 和 Ahire 等（1994、1996）提出的区别效度检验方法，主要指某一维度与其他维度在特质方面的差异程度。运用验证性分析方法对维度模型 P 进行配对比较检验，差别主要在于两个潜在变量之间相关系数 $\phi_{ij}$ 为 1.0，用软件 Lisrel 8.7 计算出卡方值 $\chi^2$ 值越小，表示这些特质相关性越低，区别效度越高。

个人隐性人力资本三个维度两两配对所得区别效度分析如表 3-30 所示。本研究的区别效度，$\Delta\chi^2$ 值都大于相应自由度下 $P < 0.001\Delta\chi^2$ 标准，这说明各个维度量表区别效度良好。

同理组织隐性人力资本三个维度两两配对所得区别效度分析如表 3-31 所示，表明各维度测量区别效度良好。

表 3 - 30　个人隐性人力资本区别效度分析

| 配对维度 | | 非限制模式 | | 限制模式 | | $\Delta\chi^2$ |
|---|---|---|---|---|---|---|
| | | $\chi^2$ | 自由度 | $\chi^2$ | 自由度 | |
| IHC - 1 | IHC - 2 | 19.23 | 12 | 107.70 | 13 | 88.47 |
| IHC - 1 | IHC - 3 | 48.72 | 25 | 141.57 | 26 | 92.85 |
| IHC - 2 | IHC - 3 | 20.31 | 18 | 152.26 | 19 | 131.95 |

表 3 - 31　组织隐性人力资本区别效度分析

| 配对维度 | | 非限制模式 | | 限制模式 | | $\Delta\chi^2$ |
|---|---|---|---|---|---|---|
| | | $\chi^2$ | 自由度 | $\chi^2$ | 自由度 | |
| OHC - 1 | OHC - 2 | 19.23 | 12 | 107.70 | 13 | 88.47 |
| OHC - 1 | OHC - 3 | 48.72 | 25 | 141.57 | 26 | 92.85 |
| OHC - 2 | OHC - 3 | 20.31 | 18 | 152.26 | 19 | 131.95 |

## 3.3.5　量表交叉效度分析

个人隐性人力资本交叉的效度分析如表 3 - 32 所示，分析结果说明，两组样本 $\chi^2/df$ 和其他拟合指标都正常。

表 3 - 32　个人隐性人力资本交叉效度分析

| 拟合度指标 | $\chi^2$ | df | $\chi^2/df$ | GFI | AGFI | NFI | CFI | RMSEA | RMR |
|---|---|---|---|---|---|---|---|---|---|
| 样本组 1（176） | 112 | 51 | 2.17 | 0.87 | 0.80 | 0.91 | 0.95 | 0.021 | 0.039 |
| 样本组 2（176） | 114 | 51 | 2.22 | 0.89 | 0.84 | 0.93 | 0.95 | 0.016 | 0.041 |

同理如表 3 - 33 所示，按照以上分析方法分析，组织隐性人力资本的三个维度测量量表也有较高的交叉效度。

表3-33　组织隐性人力资本交叉效度分析

| 拟合度指标 | $\chi^2$ | df | $\chi^2/df$ | GFI | AGFI | NFI | CFI | RMSEA | RMR |
|---|---|---|---|---|---|---|---|---|---|
| 样本组1（176） | 169 | 51 | 3.29 | 0.91 | 0.81 | 0.93 | 0.98 | 0.047 | 0.043 |
| 样本组2（176） | 197 | 51 | 3.84 | 0.92 | 0.84 | 0.94 | 0.98 | 0.041 | 0.037 |

### 3.3.6　量表的二阶验证性因子分析

本研究利用第一阶因子负荷到第二阶共同因子上的标准化路径系数检验模型的收敛度，分析结果如表3-34、表3-35和图3-5所示。标准化路径系数大于0.70，说明二阶模型的内在拟合度较好。

表3-34　个人隐性人力资本二阶验证性因子分析

| 测变量 | 负载系数 | 一阶因子 | 结构系数 | T值 | 二阶因子 |
|---|---|---|---|---|---|
| ihc1 | 0.66 | 个人智力水准 IHC-1 | 0.80 | 11.01 | 个人隐性人力资本 IHC |
| ihc2 | 0.64 | | | | |
| ihc3 | 0.68 | | | | |
| ihc4 | 0.63 | | | | |
| ihc5 | 0.71 | 个人价值观 IHC-2 | 0.82 | 10.33 | |
| ihc6 | 0.72 | | | | |
| ihc7 | 0.66 | | | | |
| ihc8 | 0.73 | 个人社会关系 IHC-3 | 0.72 | 7.86 | |
| ihc9 | 0.71 | | | | |
| ihc10 | 0.72 | | | | |
| ihc11 | 0.66 | | | | |
| ihc12 | 0.72 | | | | |

表3-35　个人隐性人力资本二阶因子测量模型拟合指数

| 拟合度指标 | $\chi^2$ | df | $\chi^2/df$ | GFI | AGFI | NFI | CFI | RMSEA | RMR |
|---|---|---|---|---|---|---|---|---|---|
| 二阶因子模型 | 113.02 | 51 | 1.98 | 0.90 | 0.85 | 0.94 | 0.95 | 0.046 | 0.049 |

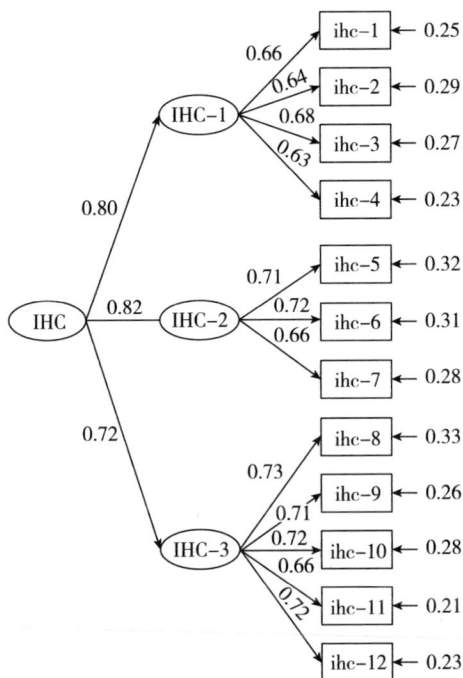

Chi-Square=113.02，df=51，P-value=0.00309，RMSEA=0.046

**图 3 - 5 个人隐性人力资本二阶验证性因子分析**

用上述方法对组织隐性人力资本量表也进行了二阶验证性因子分析，检验结果如表 3 - 36、表 3 - 37 和图 3 - 6 所示。标准化路径系数和二阶因子模型的其他的拟合度指标都达到了标准。

**表 3 - 36 组织隐性人力资本二阶验证性因子分析**

| 测变量 | 负载系数 | 一阶因子 | 结构系数 | T 值 | 二阶因子 |
|--------|----------|----------|----------|------|----------|
| ohc1 | 0.72 | | | | |
| ohc2 | 0.71 | | | | 组织隐性 |
| ohc3 | 0.70 | 情感管理 OHC - 1 | 0.77 | 9.28 | 人力资本 OHC |
| ohc4 | 0.61 | | | | |
| ohc5 | 0.63 | | | | |

| 测变量 | 负载系数 | 一阶因子 | 结构系数 | T值 | 二阶因子 |
|---|---|---|---|---|---|
| ohc6 | 0.79 | 技术研发协同意愿 OHC-2 | 0.84 | 9.58 | 组织隐性人力资本 OHC |
| ohc7 | 0.77 | | | | |
| ohc8 | 0.75 | | | | |
| ohc9 | 0.69 | 组织社会关系 OHC-3 | 0.74 | 8.96 | |
| ohc10 | 0.63 | | | | |
| ohc11 | 0.68 | | | | |
| ohc12 | 0.73 | | | | |

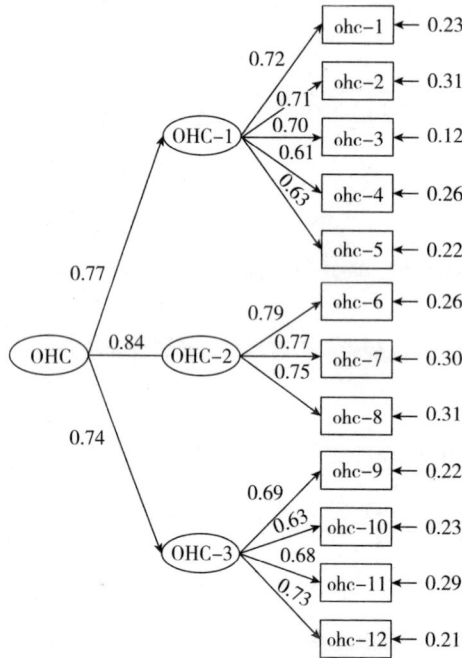

Chi-Square=100.76，df=51，P-value=0.00001，RMSEA=0.045

图 3-6  组织隐性人力资本二阶验证性因子分析

表 3-37  组织隐性人力资本二阶因子测量模型拟合指数

| 拟合度指标 | $\chi^2$ | df | $\chi^2/df$ | GFI | AGFI | NFI | CFI | RMSEA | RMR |
|---|---|---|---|---|---|---|---|---|---|
| 二阶因子模型 | 100.76 | 51 | 1.98 | 0.93 | 0.91 | 0.91 | 0.92 | 0.045 | 0.040 |

用上述方法对企业隐性人力资本构成进行了总体二阶因子分析。利用 Lisrel 8.7 进行了检验，标准化路径系数和模型的收敛效度良好，总体二阶因子模型的其他拟合度较好，如表 3 - 38、表 3 - 39 和图 3 - 7 所示。

**表 3 - 38　企业隐性人力资本二阶验证性因子分析**

| 变量 | 因子负载系数 | 一阶因子 | 结构系数 | T 值 | 二阶因子 |
|------|------------|---------|---------|------|---------|
| ihc1 | 0.76 | 个人隐性人力资本 IHC | 0.91 | 9.46 | 企业隐性人力资本 HC |
| ihc2 | 0.71 | | | | |
| ihc3 | 0.83 | | | | |
| ohc5 | 0.71 | 组织隐性人力资本 OHC | 0.80 | 6.98 | |
| ohc6 | 0.88 | | | | |
| ohc7 | 0.66 | | | | |

**表 3 - 39　企业隐性人力资本二阶验证性因子模型拟合指数**

| 拟合度指标 | $\chi^2$ | df | $\chi^2/\mathrm{df}$ | GFI | AGFI | NFI | CFI | RMSEA | RMR |
|-----------|------|----|------|-----|------|-----|-----|-------|-----|
| 二阶因子模型 | 67.44 | 35 | 1.93 | 0.91 | 0.93 | 0.94 | 0.94 | 0.052 | 0.039 |

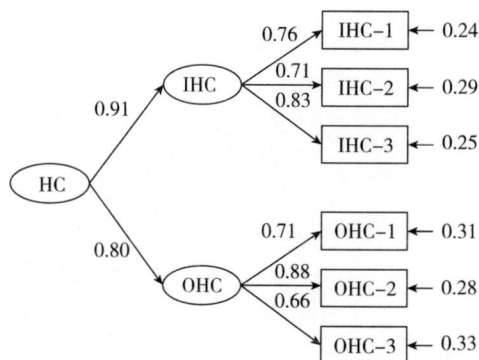

Chi-Square=67.44, df=35, P-value=0.00039, RMSEA=0.052

**图 3 - 7　分析模型**

# 3.4 本章小结

本章基于知识转化角度，在个人隐性人力资本和组织隐性人力资本形成的互动关系中，界定了个人隐性人力资本和组织隐性人力资本的基本内涵，分析了具体一阶指标，为研究奠定了基础。

本章基于理论部分对企业隐性人力资本概念界定及维度划分进行了研究，提出了验证假设：个人隐性人力资本、组织隐性人力资本是构成企业隐性人力资本的两个维度，也是构成隐性人力资本的两个要素。为验证假设，提出了隐性人力资本二阶因子测量模型，通过设计量表，采用统计技术对模型做了拟合度检验。各项参数表明个人隐性人力资本、组织隐性人力资本是企业隐性人力资本的两个构成要素。假设的概念模型得到了良好的检验支持。

# 第4章 隐性人力资本对企业核心
# 竞争力作用的实证研究

本章针对知识转化形成隐性人力资本及两个维度相互关系的研究，认为通过知识转化形成隐性人力资本后，基于转化能力理论形成隐性人力资本的三个作用，即核心竞争力作用的三个核心要素，是核心竞争力的表现。同时认为隐性人力资本形成核心竞争力，具有战略导向性，揭示了隐性人力资本在战略导向指引下形成核心竞争力的机理。

## 4.1  隐性人力资本作用模型及假设提出

### 4.1.1  隐性人力资本两个维度间的作用关系

研究企业隐性人力资本两个要素之间的互动影响关系，从形成要素分析，可从内部因素和外部因素来区分。教育水平、学习能力和创造力、个人价值观念是通过知识转化促进个人隐性人力资本的内在因素；组织人力资源管理、组织结构特性、企业文化为外在因素。企业个人隐性人力资本通过知识转化顺利转化为企业组织隐性人力资本，才能够保证企业获取核心竞争能力。从作用分析来看，个人隐性人力资本聚合有利于形成管理效应。组织群体隐性人力资本的整合效应会大于个人隐性人力资本。

综上，提出以下假设：

H0：个人隐性人力资本对组织隐性人力资本的形成能力有显著的积极正向影响作用。

本书认为知识转化有利于促进企业隐性人力资本的形成并对企业隐性人力资本有显著的积极正向影响作用。考虑在前文已对企业隐性人力资本的构成方面做了表述，本章不再赘述。

### 4.1.2 隐性人力资本与专有团队隐性人力资本形成能力的关系

首先，蕴藏于团队的隐性信息和隐性知识能够形成专有团队隐性人力资本。隐性人力资本是企业内员工及组织所具有的智力、情感和社会关系资本。需要一定的组织环境条件才能逐步形成隐性人力资本，隐性人力资本也只能在相应的环境中，在匹配的组织结构、人员环境、激励制度中发挥效用。员工离职进入其他企业时，一方面，所带走的隐性人力资本由于缺乏相应的制度、环境难以发挥作用，并且类似人际关系网络、原企业相应技术支持下所形成的技能就不复存在。同时，对于新企业的价值观、文化、工作环境的适应力也会对员工的人力资本效用产生影响。这就形成了企业员工离职的交易成本高，以隐性人力资本存在的资本价值由于离职的时间、资金成本而出现贬值的现象，最终使员工之前自身的人力资本投资成为沉没成本。另一方面，对于转入企业而言，新员工的适应周期、适应程度以及所具有的人力资本与本企业需求的适配度都是该企业的人力资本投资风险。在原企业人力资本的投资风险同样存在于转入企业中，构成了转入企业的转化成本。因此，在出现职位空缺时，大多数企业首先是进行内部人员的筛选，以降低引入外来人员的不确定风险，即适用于其产生的团队，与其产生、发展的组织环境才能实现最大契合，不具备易扩散性、模仿性，从而使企业的隐性人力资本投资可以得到最大的保护，通过内部化、专有化降低企业人力资本投资风险。专有团队依靠团队相互依赖及与企业组织的相互依赖关系，企业存在着各种专有性人力资本团队，包括智能团队、项目团队、高层管理团队等。个人和团队的整合、凝聚、合作等使核心竞争力提升表现为专有团队隐性人力资本形成能力。

综上，提出如下假设：

H1a：个人隐性人力资本对专有团队隐性人力资本形成能力有正向影响作用。

H1b：组织隐性人力资本对专有团队隐性人力资本形成能力有正向影响作用。

### 4.1.3　隐性人力资本与隐性知识创新共享能力的关系

企业隐性人力资本和隐性知识创新共享能力的关系主要体现在：企业文化、企业员工对隐性知识管理意愿、企业组织对隐性知识管理状况。通过知识转化形成的隐性人力资本使企业的核心竞争力提升还表现为隐性知识创新共享能力，表现为隐性人力资本对核心竞争力形成的传递力。

综上，提出如下假设：

H2a：个人隐性人力资本对隐性知识创新共享能力有显著积极正向影响作用。

H2b：组织隐性人力资本对隐性知识创新共享能力有显著积极正向影响作用。

### 4.1.4　隐性人力资本与隐性人力资本积累能力的关系

知识转化为隐性人力资本同生态系统一样，需要不断地新陈代谢来净化系统，保持生命活力。通过知识转化形成的隐性人力资本使企业的核心竞争力提升又表现为隐性人力资本积累能力，表现为隐性人力资本对核心竞争力作用的动态能力。

综上，提出如下假设：

H3a：个人隐性人力资本对隐性人力资本积累能力有显著积极正向影响作用。

H3b：组织隐性人力资本对隐性人力资本积累能力有显著积极正向影响作用。

### 4.1.5　隐性人力资本与核心竞争力的关系

从第2章隐性人力资本对企业核心竞争力影响要素文献回顾可知，企业隐性人力资本能够给企业个人和企业组织带来核心能力。

通过知识转化、吸收后的知识将使个人或组织形成的隐性人力资本提高。这主要涉及形成三种直接作用力：专有团队隐性人力资本形成能力、隐性知识创新共享能力、隐性人力资本积累能力。这三种直接作用力反映的是通过知识转化形成隐性人力资本对企业核心竞争力的基础作用。

综上，提出如下假设：

H4a：专有团队隐性人力资本形成能力对企业核心竞争力有显著积极正向影响作用。

H4b：隐性知识创新共享能力对企业核心竞争力有显著积极正向影响作用。

H4c：隐性人力资本积累能力对企业核心竞争力有显著积极正向影响作用。

H5a：隐性人力资本对企业核心竞争力有显著积极正向影响作用。

### 4.1.6　企业战略导向与核心竞争力的关系

战略导向会影响企业核心竞争力，企业战略导向是组织根据内外部环境，选择自身的定位态势。基于隐性人力资本的配置问题，对企业来讲一般划分为市场导向和技术导向。

综上，提出如下假设：

H6a：战略导向在企业隐性人力资本对企业核心竞争力正向影响作用过程中具有显著调节作用。

H6b：市场导向在企业隐性人力资本对企业核心竞争力正向影响作用过程中具有显著调节作用。

H6c：技术导向在企业隐性人力资本对企业核心竞争力正向影响作用过程中具有显著调节作用。

### 4.1.7　研究假设汇总与假设模型

经过机理研究推理出研究假设及模型，如表 4-1 和图 4-1 所示。

表 4-1　研究假设汇总

| 序号 | 假设内容 |
|---|---|
| H0 | 个人隐性人力资本对组织隐性人力资本的形成能力有显著的积极正向影响作用 |
| H1a | 个人隐性人力资本对专有团队隐性人力资本形成能力有正向影响作用 |
| H1b | 组织隐性人力资本对专有团队隐性人力资本形成能力有正向影响作用 |
| H2a | 个人隐性人力资本对隐性知识创新共享能力有显著积极正向影响作用 |
| H2b | 组织隐性人力资本对隐性知识创新共享能力有显著积极正向影响作用 |
| H3a | 个人隐性人力资本对隐性人力资本积累能力有显著积极正向影响作用 |
| H3b | 组织隐性人力资本对隐性人力资本积累能力有显著积极正向影响作用 |
| H4a | 专有团队隐性人力资本形成能力对企业核心竞争力有显著积极正向影响作用 |
| H4b | 隐性知识创新共享能力对企业核心竞争力有显著积极正向影响作用 |
| H4c | 隐性人力资本积累能力对企业核心竞争力有显著积极正向影响作用 |
| H5a | 隐性人力资本对企业核心竞争力有显著积极正向影响作用 |
| H6a | 战略导向在企业隐性人力资本对企业核心竞争力正向影响作用过程中具有显著调节作用 |
| H6b | 市场导向在企业隐性人力资本对企业核心竞争力正向影响作用过程中具有显著调节作用 |
| H6c | 技术导向在企业隐性人力资本对企业核心竞争力正向影响作用过程中具有显著调节作用 |

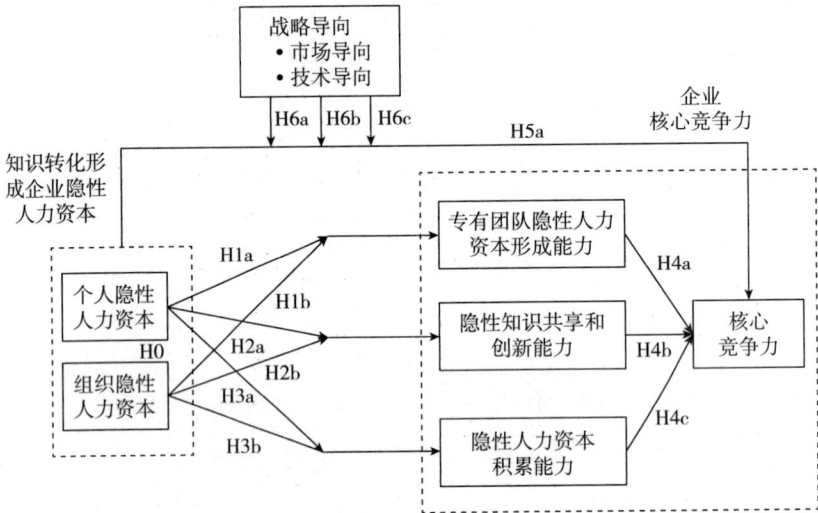

图 4-1 研究假设模型

# 4.2 问卷设计与分析

## 4.2.1 核心竞争力测量量表开发

综上所述，本书研究的潜变量共 8 个，其中隐性人力资本（个人隐性人力资本和组织隐性人力资本）已在第 3 章做了设计和检验，因此在本部分不再对这两个概念进行测量。其他 6 个潜变量概念，下文将依据以前的学者研究成果，重新进行相应的量表开发，使概念界定更加准确、科学合理。

（1）专有团队隐性人力资本形成能力测量，测量量表如表 4-2 所示。

表 4 - 2　企业专有团队隐性人力资本形成能力测量量表

| 测量指标 | 测量题项 | 题项来源 |
|---|---|---|
| 专有团队隐性人力资本形成能力 ETA | eta1. 本企业拥有部门内部职能团队隐性人力资本形成的协同效应 | 刘文 |
| | eta2. 本企业拥有不同部门项目团队隐性人力资本形成的比较优势 | 刘文 |
| | eta3. 本企业拥有企业内部各种隐性人力资本形成的协同效应 | 刘文 |
| | eta4. 本企业拥有高层管理团队隐性人力资本形成的比较优势 | 刘文 |
| | eta5. 本企业认为专有性人力资本是组织隐性人力资本形成的基础 | 专家访谈 |
| | eta6. 本企业认为专有性人力资本是企业核心竞争力的源泉 | 专家访谈 |

（2）隐性知识创新共享能力测量，测量量表如表 4 - 3 所示。

表 4 - 3　企业隐性知识创新共享能力测量量表

| 测量指标 | 测量题项 | 题项来源 |
|---|---|---|
| 隐性知识创新共享能力 ESI | esi1. 本企业能够及时把捕捉到的对企业发展有利的信息进行推广 | Cross Sproull |
| | esi2. 本企业能够快速将外部知识共同消化吸收 | Cross Sproull |
| | esi3. 本企业能够将新知识和已有知识有效融合并提升 | 专家访谈 |
| | esi4. 本企业能够将新知识在组织内广泛推广 | Cross Sproull |
| | esi5. 本企业能够及时将新知识转化到企业生产实践中 | 专家访谈 |
| | esi6. 本企业能够对新知识进行创新 | Cross Sproull |

（3）隐性人力资本积累能力测量，测量量表如表 4 - 4 所示。

表 4 - 4　企业隐性人力资本积累能力测量量表

| 测量指标 | 测量题项 | 题项来源 |
|---|---|---|
| 隐性人力资本积累能力 EAA | eaa1. 本企业能够及时将隐性人力资本投资到位 | Robert lucas |
| | eaa2. 本企业能够快速将关键技术隐性人力资本积累 | Robert lucas |
| | eaa3. 本企业能够长期保持人力资本存量和质量 | Robert lucas |
| | eaa4. 本企业能够长期建立"干中学"激励机制 | Arrow |
| | eaa5. 本企业能够长期建立激励机制吸引优秀人才 | 专家访谈 |
| | eaa6. 本企业注重把核心关键人才留住 | Bogue |

（4）企业核心竞争力测量。目前关于企业核心竞争力的概念有很多定义，这样造成了对其测量量表的开发也有很大不同，主要有几种关于企业竞争力的测量量表开发观点，如表 4 - 5 所示。

表 4 - 5　企业核心竞争力测量题项来源

| 作者 | 题项数目 | 维度 |
| --- | --- | --- |
| Barney（1991） | 18 | 有价值资源、稀缺资源、不易模仿的资源、不可替代性资源 |
| Prahalad 和 Hamel（1990） | 26 | 产品的质量和性能；孕育新产品的技巧；协调多种生产技能和技术结合性的学识 |
| Teece D. J.、Pisano G. 和 Shuen A.（1998） | 18 | 竞争优势来自于独特知识、知识的学习能力 |
| Mayer C.（1996） | 26 | 企业变化和关键资源之间的不平衡 |

本书在结合前人研究成果的基础上及本人对核心竞争力的理解，开发出了自己的企业核心竞争力测量量表，如表 4 - 6 所示。

表 4 - 6　企业核心竞争力测量量表

| 测量指标 | 测量题项 | 题项来源 |
| --- | --- | --- |
| 核心竞争力 ECA | eca1. 企业团队形成的凝聚力比竞争对手强，从而技术研发能力强 | Murphy |
| | eca2. 企业新产品研发专有团队比竞争对手强，从而投资回报率高 | Murphy |
| | eca3. 企业创新能力比竞争对手强，从而技术整合及延展能力强 | Murphy |
| | eca4. 企业构建了强大的交流研发共享平台，不断研发出新技术 | 刘文 |
| | eca5. 企业组织管理能力和环境整合能力强，从而不断吸收培养高技能人才 | 刘文 |
| | eca6. 企业构建了企业家和战略管理团队之间良好的文化氛围 | 刘文 |

（5）企业战略导向量表。关于战略导向问题，一些学者对隐性人力资本作用导向问题做过研究。开发观点梳理如表 4 - 7 所示。

本书在结合前人研究成果的基础上及本人对企业战略导向的理解，开发出了自己的企业战略导向测量量表，如表 4 - 8 和表 4 - 9 所示。

表 4 - 7　企业战略导向测量题项来源

| 作者 | 题项数目 | 维度 |
|---|---|---|
| Venkatraman（1989） | 18 | 当企业遇到其他竞争对手、顾客需求层次、政府机制等外间环境牵制时总是积极主动行动起来 |
| Tan 和 Litschert（1994） | 26 | 在进行战略决策时对机遇能够迅速做出反应 |
| Tan 和 Litschert（1994） | 26 | 在进行战略决策时，经常设法研发出新产品并打造出新品牌 |

表 4 - 8　企业战略导向（市场）测量量表

| 测量指标 | 测量题项 | 题项来源 |
|---|---|---|
| 战略导向（市场）ESGM | esgm1. 当企业发现顾客需求层次变化转向其他企业时总能够及时保持合作关系 | Tan 和 Litschert（1994） |
| | esgm2. 企业在进行战略决策时对市场机遇能够迅速做出反应 | Tan 和 Litschert（1994） |
| | esgm3. 企业认为在产品具备生产条件后需迅速投放市场，以市场为主 | 访谈 |
| | esgm4. 企业认为以市场为主，技术研发为辅 | 访谈 |
| | esgm5. 企业营销能力强，竞争优势大 | Tan 和 Litschert（1994） |
| | esgm6. 企业认为多吸收营销人才是一项战略决策 | 访谈 |

表 4 - 9　企业战略导向（技术）测量量表

| 测量指标 | 测量题项 | 题项来源 |
|---|---|---|
| 战略导向（技术）ESGT | esgt1. 当企业有被其他竞争对手赶超的风险时总能够及时研发出新技术保持领先 | Venkatraman（1989） |
| | esgt2. 当企业发现政府对本行业产品的准入机制发生变化等外间环境牵制时，总能通过本身技术研发适应政府禁令 | Tan 和 Litschert（1994） |
| | esgt3. 在进行战略决策时，经常设法研发出新技术产品并打造出新品牌 | Tan 和 Litschert（1994） |

### 4.2.2 测量量表的检验与修正

隐性人力资本构成维度的形成机理及影响因素检验已在第3章做了分析并对题项做了有效净化，也对企业核心竞争力测量题项做了调研，为了提高调研的效率，使研究问题在测量和分析时更方便，在发放问卷时将测量题项整合在一起做了整体调研分析。本次量表检验所需调研数据也是来自于第3章的预调研和调研数据，下面对企业隐性人力资本三个关键作用方面，即专有团队隐性人力资本形成能力、隐性知识创新共享能力、隐性人力资本积累能力加上企业核心竞争力及企业战略导向这五个概念的测量量表进行整体检验。

（1）内部一致性信度分析。通过调研数据计算分析，得到以上五个概念的CITC值（单项－总体相关系数法）和Cronbach's α系数，详见表4－10、表4－11、表4－12、表4－13、表4－14、表4－15。

表4－10　企业专有团队隐性人力资本形成能力测量量表信度分析

| 测量指标 | 测量题项 | CITC 值 | 删除题项后的 Cronbach's α 值 | Cronbach's α 值 |
|---|---|---|---|---|
| ETA | eta1 | 0.7234 | 0.8012 | 0.8911 |
| | eta2 | 0.7541 | 0.8474 | |
| | eta3 | 0.6917 | 0.8467 | |
| | eta4 | 0.6792 | 0.8391 | |
| | eta5 | 0.7598 | 0.8671 | |
| | eta6 | 0.8129 | 0.8491 | |

表4－11　企业隐性知识创新共享能力测量量表信度分析

| 测量指标 | 测量题项 | CITC 值 | 删除题项后的 Cronbach's α 值 | Cronbach's α 值 |
|---|---|---|---|---|
| ESI | esi1 | 0.8231 | 0.8011 | 0.8816 |
| | esi2 | 0.8513 | 0.8371 | |
| | esi3 | 0.7912 | 0.8562 | |
| | esi4 | 0.7762 | 0.8094 | |
| | esi5 | 0.7198 | 0.7791 | |
| | esi6 | 0.7821 | 0.8190 | |

**表 4 - 12　企业隐性人力资本积累能力测量量表信度分析**

| 测量指标 | 测量题项 | CITC 值 | 删除题项后的 Cronbach's α 值 | Cronbach's α 值 |
|---|---|---|---|---|
| EAA | eaa1 | 0.8231 | 0.8112 | 0.8791 |
| | eaa2 | 0.7742 | 0.8271 | |
| | eaa3 | 0.7911 | 0.8267 | |
| | eaa4 | 0.8197 | 0.8396 | |
| | eaa5 | 0.7992 | 0.8475 | |
| | eaa6 | 0.8311 | 0.8192 | |

**表 4 - 13　企业核心竞争力测量量表信度分析**

| 测量指标 | 测量题项 | CITC 值 | 删除题项后的 Cronbach's α 值 | Cronbach's α 值 |
|---|---|---|---|---|
| ECA | eca1 | 0.8274 | 0.8112 | 0.8996 |
| | eca2 | 0.8561 | 0.8174 | |
| | eca3 | 0.7999 | 0.8267 | |
| | eca4 | 0.7899 | 0.8191 | |
| | eca5 | 0.8298 | 0.8371 | |
| | eca6 | 0.8021 | 0.8171 | |

**表 4 - 14　企业战略导向（市场）测量量表信度分析**

| 测量指标 | 测量题项 | CITC 值 | 删除题项后的 Cronbach's α 值 | Cronbach's α 值 |
|---|---|---|---|---|
| ESGM | esgm1 | 0.4465 | 0.8074 | 0.8096 |
| | esgm2 | 0.4699 | 0.8092 | |
| | esgm3 | 0.4521 | 0.8175 | |
| | esgm4 | 0.7998 | 0.8098 | |
| | esgm5 | 0.8047 | 0.8122 | |
| | esgm6 | 0.8077 | 0.8145 | |

表 4-15    企业战略导向（技术）测量量表信度分析

| 测量指标 | 测量题项 | CITC 值 | 删除题项后的 Cronbach's α 值 | Cronbach's α 值 |
|---|---|---|---|---|
| ESGT | esgt1 | 0.8177 | 0.8017 | 0.8296 |
| | esgt2 | 0.7399 | 0.8069 | |
| | esgt3 | 0.8198 | 0.8174 | |

从以上各表分析总结数据可见，除战略市场导向中 esgm1、esgm2、esgm3 题项"当企业发现顾客需求层次变化转向其他企业时总能够及时保持合作关系""企业在进行战略决策时对市场机遇能够迅速做出反应""企业认为在产品具备生产条件后需迅速投放市场，以市场为主"的 CITC 值 0.4465、0.4699、0.4521 小于规定值 0.5 需要删除外，其余都符合统计检测原理规定值（CITC 值大于 0.5；Cronbach's α 系数大于 0.7），具有很好的内部一致性信度。

从企业战略市场导向测量量表信度分析可知，企业的战略导向中代表市场导向的"三个题项"，即"当企业发现顾客需求层次变化转向其他企业时总能够及时保持合作关系""企业在进行战略决策时对市场机遇能够迅速做出反应""企业认为在产品具备生产条件后需迅速投放市场，以市场为主"被删除，没有得到支持，其余代表技术导向的题项得到了很好的信度。删除的三个题项说明企业以市场为导向具有不确定性，技术导向对企业隐性人力资本的发挥作用更长久，更有利于企业知识转化实现隐性人力资本形成，提升企业核心竞争力。这也为企业提出建议，不要一味墨守成规盲目追求市场利益而不注重科技研发，不注重人才培养，最终导致企业走向灭亡的境遇，在这里也给出了理论渊源印证。

（2）探索性因子分析。探索性因子分析方法是检验各量表的区别效度，找出特征根值大于 1 的因子。通过 SPSS 21.0 软件对调研数据进行处理，发现有五个因子的特征值大于 1，分别和以上研究的五个概念变量对应，通过计算如表 4-16、表 4-17 所示。

**表 4 - 16　测量概念特征根及累计方差解释比率**

| 因子 | 特征根 | 方差解释比率 | 累计方差解释比率 |
| --- | --- | --- | --- |
| 1 | 9. 91 | 36. 22 | 36. 22 |
| 2 | 5. 21 | 12. 68 | 48. 90 |
| 3 | 4. 10 | 8. 26 | 57. 16 |
| 4 | 4. 60 | 7. 44 | 64. 60 |
| 5 | 4. 70 | 7. 47 | 72. 07 |
| 6 | 4. 60 | 7. 30 | 79. 37 |

**表 4 - 17　测量题项正交旋转后的载荷矩阵**

| 测量题项 | 因子 | | | | | |
| --- | --- | --- | --- | --- | --- | --- |
| | 1 | 2 | 3 | 4 | 5 | 6 |
| eta1 | **0. 623** | 0. 131 | 0. 009 | 0. 005 | 0. 312 | 0. 256 |
| eta2 | **0. 612** | 0. 126 | 0. 002 | 0. 008 | 0. 256 | 0. 212 |
| eta3 | **0. 610** | 0. 211 | 0. 003 | 0. 007 | 0. 212 | 0. 126 |
| eta4 | **0. 602** | 0. 131 | 0. 005 | 0. 312 | 0. 126 | 0. 211 |
| eta5 | **0. 600** | 0. 126 | 0. 008 | 0. 256 | 0. 211 | 0. 219 |
| eta6 | **0. 598** | 0. 211 | 0. 007 | 0. 212 | 0. 219 | 0. 256 |
| esi1 | 0. 213 | **0. 631** | 0. 312 | 0. 005 | 0. 127 | 0. 212 |
| esi2 | 0. 212 | **0. 629** | 0. 256 | 0. 008 | 0. 312 | 0. 126 |
| esi3 | 0. 215 | **0. 578** | 0. 212 | 0. 007 | 0. 256 | 0. 005 |
| esi4 | 0. 216 | **0. 561** | 0. 211 | 0. 312 | 0. 212 | 0. 008 |
| esi5 | 0. 312 | **0. 556** | 0. 201 | 0. 256 | 0. 126 | 0. 007 |
| esi6 | 0. 256 | **0. 541** | 0. 012 | 0. 212 | 0. 211 | 0. 312 |
| eaa1 | 0. 212 | 0. 005 | **0. 596** | 0. 005 | 0. 219 | 0. 256 |

续表

| 测量题项 | 因子 | | | | | |
|---|---|---|---|---|---|---|
| | 1 | 2 | 3 | 4 | 5 | 6 |
| eaa2 | 0.211 | 0.008 | **0.587** | 0.008 | 0.127 | 0.212 |
| eaa3 | 0.201 | 0.007 | **0.531** | 0.007 | 0.312 | 0.005 |
| eaa4 | 0.214 | 0.312 | **0.528** | 0.312 | 0.256 | 0.008 |
| eaa5 | 0.215 | 0.256 | **0.513** | 0.256 | 0.212 | 0.007 |
| eaa6 | 0.217 | 0.212 | **0.451** | 0.212 | 0.126 | 0.312 |
| eca1 | 0.127 | 0.126 | 0.216 | **0.712** | 0.211 | 0.256 |
| eca2 | 0.128 | 0.211 | 0.312 | **0.699** | 0.219 | 0.212 |
| eca3 | 0.131 | 0.219 | 0.256 | **0.689** | 0.127 | 0.005 |
| eca4 | 0.126 | 0.127 | 0.212 | **0.686** | 0.312 | 0.008 |
| eca5 | 0.211 | 0.136 | 0.211 | **0.683** | 0.256 | 0.007 |
| eca6 | 0.219 | 0.126 | 0.201 | **0.679** | 0.212 | 0.312 |
| esgm1 | 0.127 | 0.211 | 0.005 | 0.005 | **0.669** | 0.256 |
| esgm2 | 0.136 | 0.008 | 0.008 | 0.008 | **0.654** | 0.212 |
| esgm3 | 0.008 | 0.007 | 0.007 | 0.007 | **0.639** | 0.005 |
| esgt1 | 0.009 | 0.312 | 0.312 | 0.312 | 0.312 | **0.621** |
| esgt2 | 0.125 | 0.256 | 0.256 | 0.256 | 0.256 | **0.610** |
| esgt3 | 0.213 | 0.008 | 0.212 | 0.212 | 0.212 | **0.618** |

通过以上数据分析，发现隐性人力资本积累能力第6项因子负荷比较低，为0.451，小于0.5；其他各测量题项对应的因子上都有较高的负荷。剔除这个题项后，其他各测量题项都有较好的区别效度，可以进行正式调研，最后生成的各有关概念的测量题项如表4-18、表4-19、表4-20、表4-21、表4-22、表4-23所示。

**表4-18 企业专有团队隐性人力资本形成能力测量量表（修正）**

| 测量指标 | 测量题项 |
| --- | --- |
| 专有团队隐性人力资本形成能力 ETA | eta1. 本企业拥有部门内部职能团队隐性人力资本形成的协同效应 |
| | eta2. 本企业拥有不同部门项目团队隐性人力资本形成的比较优势 |
| | eta3. 本企业拥有企业内部各种隐性人力资本形成的协同效应 |
| | eta4. 本企业拥有高层管理团队隐性人力资本形成的比较优势 |
| | eta5. 本企业认为专有性人力资本是组织隐性人力资本形成的基础 |
| | eta6. 本企业认为专有性人力资本是企业核心竞争力的源泉 |

**表4-19 企业隐性知识创新共享能力测量量表（修正）**

| 测量指标 | 测量题项 |
| --- | --- |
| 隐性知识创新共享能力 ESI | esi1. 本企业能够及时把捕捉到的对企业发展有利的信息进行推广 |
| | esi2. 本企业能够快速将外部知识共同消化吸收 |
| | esi3. 本企业能够将新知识和已有知识有效融合并提升 |
| | esi4. 本企业能够将新知识在组织内广泛推广 |
| | esi5. 本企业能够及时将新知识转化到企业生产实践中 |
| | esi6. 本企业能够对新知识进行创新 |

**表4-20 企业隐性人力资本积累能力测量量表（修正）**

| 测量指标 | 测量题项 |
| --- | --- |
| 隐性人力资本积累能力 EAA | eaa1. 本企业能够及时将隐性人力资本投资到位 |
| | eaa2. 本企业能够快速将关键技术隐性人力资本积聚 |
| | eaa3. 本企业能够长期保持人力资本存量和质量 |
| | eaa4. 本企业能够长期建立"干中学"激励机制 |
| | eaa5. 本企业能够长期建立激励机制吸引优秀人才 |

表 4-21　企业核心竞争力测量量表（修正）

| 测量指标 | 测量题项 |
|---|---|
| 核心竞争力<br>ECA | eca1. 企业团队形成的凝聚力比竞争对手强，从而技术研发能力强 |
| | eca2. 企业新产品研发专有团队比竞争对手强，从而投资回报率高 |
| | eca3. 企业创新能力比竞争对手强，从而技术整合及延展能力强 |
| | eca4. 企业构建了强大的交流研发共享平台，不断研发出新技术 |
| | eca5. 企业组织管理能力和环境整合能力强，从而不断吸收培养高技能人才 |
| | eca6. 企业构建了企业家和战略管理团队之间良好的文化氛围 |

表 4-22　企业战略导向（市场）测量量表（修正）

| 测量指标 | 测量题项 |
|---|---|
| 战略导向<br>（市场）<br>ESGM | esgm1. 企业认为以市场为主，技术研发为辅 |
| | esgm2. 企业营销能力强，竞争优势大 |
| | esgm3. 企业认为多吸收营销人才是一项战略决策 |

表 4-23　企业战略导向（技术）测量量表（修正）

| 测量指标 | 测量题项 |
|---|---|
| 战略导向<br>（技术）<br>ESGT | esgt1. 当企业有被其他竞争对手赶超的风险时总能够及时研发出新技术保持领先 |
| | esgt2. 当企业发现政府对本行业产品的准入机制发生变化等外间环境牵制时，总能通过本身技术研发适应政府禁令 |
| | esgt3. 在进行战略决策时，经常设法研发出新技术产品并打造出新品牌 |

　　结合第 3 章的分析方法，最终形成了共 28 个题项，专有团队隐性人力资本形成能力 6 个题项，隐性知识创新共享 6 个题项，隐性人力资本积累能力 5 个题项，核心竞争力 6 个题项，战略导向 6 个题项（市场和技术导向各 3 个）。采用李克特 5 点量表开发方法，具体见附录 B。

# 4.3　测量量表数据分析

## 4.3.1　测量量表数据描述

本部分所使用数据与第 3 章采集数据一样。为了便于准确研究模型，借鉴国内外通用做法，对测量题项指标合并压缩，如表 4 - 24 所示。

表 4 - 24　测量量表题项的基本描述

| 代码 | 均值 | 标准差 | 代码 | 均值 | 标准差 |
|------|------|--------|------|------|--------|
| eta1 | 3.5611 | 0.8422 | esi1 | 3.6001 | 0.8121 |
| eta2 | 3.3914 | 0.8123 | esi2 | 3.6312 | 0.8213 |
| eta3 | 3.6512 | 0.8241 | esi3 | 3.6511 | 0.8216 |
| eta4 | 3.6607 | 0.8512 | esi4 | 3.6422 | 0.8271 |
| eta5 | 3.6721 | 0.8215 | esi5 | 3.5120 | 0.8312 |
| eta6 | 3.7322 | 0.8216 | esi6 | 3.1231 | 0.7988 |
| eaa1 | 3.6001 | 0.8118 | eca1 | 3.6721 | 0.8542 |
| eaa2 | 3.5311 | 0.8261 | eca2 | 3.7322 | 0.8265 |
| eaa3 | 3.3512 | 0.8212 | eca3 | 3.6201 | 0.8116 |
| eaa4 | 3.5472 | 0.7989 | eca4 | 3.5111 | 0.8218 |
| eaa5 | 3.4129 | 0.8312 | eca5 | 3.3212 | 0.8061 |
| esgm1 | 3.6321 | 0.8219 | eca6 | 3.6321 | 0.8212 |
| esgm2 | 3.6312 | 0.8261 | | | |
| esgm3 | 3.5512 | 0.8214 | | | |
| esgt1 | 3.6475 | 0.7990 | | | |
| esgt2 | 3.5130 | 0.8113 | | | |
| esgt3 | 3.6130 | 0.8015 | | | |

隐性人力资本两个维度的均值和标准差还给出了正交旋转后的均值和标准差，见表4-25，各题项的标准差都大于0.5，符合统计规定的标准值。

表4-25  测量量表中因子指标的基本描述数据统计

| 代码 | 包含的题项 | 均值 | 标准差 |
|---|---|---|---|
| ETA_1 | eta1，eta2，eta6 | 3.7036 | 0.7541 |
| ETA_2 | eta3，eta4，eta5 | 3.6911 | 0.7066 |
| ESI_1 | esi1，esi5，esi6 | 3.6410 | 0.7655 |
| ESI_2 | esi2，esi3，esi4 | 3.6412 | 0.7534 |
| EAA_1 | eaa1，eaa5 | 3.5611 | 0.7621 |
| EAA_2 | eaa2，eaa3，eaa4 | 3.5712 | 0.7811 |
| ECA_1 | eca2，eca3，eca6 | 3.5891 | 0.7513 |
| ECA_2 | eca1，eca4，eca5 | 3.6989 | 0.7528 |
| ESGM_1 | esgm1 | 3.7829 | 0.7123 |
| ESGM_2 | esgm2，esgm3 | 3.7299 | 0.7216 |
| ESGT_1 | esgt2 | 3.6492 | 0.7786 |
| ESGT_2 | esgt1，esgt3 | 3.6897 | 0.7919 |

### 4.3.2  测量量表信度和效度检验

以上分析可知，在数据处理过程中对"企业隐性人力资本积累能力 eaa 6"和"战略导向中 esgm2、esgm4、esgm6"测量量表题项数量做了修正。

（1）内部一致性检验和信度检验。关于隐性人力资本维度相关概念在第3章已经检验通过，本部分主要对企业隐性人力资本对核心竞争力形成的作用力（专有团队隐性人力资本形成能力、隐性知识创新共享能力、隐性人力资本积累能力），企业核心竞争力及战略导向五个概念测量量表的内部一致性检验。测量结果见表4-26和表4-27，CITC值、每个变量的 Cronbach's α 系数（分别给出了合并前后值）值分别超出规定的 0.5、0.7，数据说明各概念题项和总体的相关程度非常好。

表 4 – 26　项目—总体相关系数

| 代码 | CITI 值 | 代码 | CITI 值 |
|---|---|---|---|
| eta1 | 0.6422 | esi1 | 0.6121 |
| eta2 | 0.6123 | esi2 | 0.6213 |
| eta3 | 0.5641 | esi3 | 0.6216 |
| eta4 | 0.6512 | esi4 | 0.6271 |
| eta5 | 0.6215 | esi5 | 0.6312 |
| eta6 | 0.6216 | esi6 | 0.6988 |
| eaa1 | 0.5718 | eca1 | 0.5542 |
| eaa2 | 0.5261 | eca2 | 0.5265 |
| eaa3 | 0.5212 | eca3 | 0.5516 |
| eaa4 | 0.5989 | eca4 | 0.5218 |
| eaa5 | 0.5312 | eca5 | 0.5061 |
| esgm1 | 0.6887 | eca6 | 0.5212 |
| esgm2 | 0.7882 | | |
| esgm3 | 0.5467 | | |
| esgt1 | 0.7231 | | |
| esgt2 | 0.5719 | | |
| esgt3 | 0.6719 | | |

从知识转化形成隐性人力资本理论分析可知，个人隐性人力资本通过诱导机制（博弈形成的阈值）可转化为组织隐性人力资本，为此将第 3 章隐性人力资本二维度数据纳入整体模型，如表 4 – 27 所示。

表4-27 隐性人力资本作用与企业核心竞争力测量量表的信度分析

| 变量 | 题项数 | 合并前可靠性系数 | 测量指标 | 题项数目 | 合并后可靠性Cronbach'α值 |
|------|------|------|------|------|------|
| IHC | 12 | 0.8122 | IHC_1 | 4 | 0.8011 |
| | | | IHC_2 | 3 | 0.8101 |
| | | | IHC_3 | 5 | 0.7891 |
| OHC | 12 | 0.8412 | OHC_1 | 5 | 0.7893 |
| | | | OHC_2 | 3 | 0.7921 |
| | | | OHC_3 | 4 | 0.7996 |
| ETA | 6 | 0.8512 | ETA_1 | 3 | 0.8120 |
| | | | ETA_2 | 3 | 0.8231 |
| ESI | 6 | 0.8312 | ESI_1 | 3 | 0.7980 |
| | | | ESI_2 | 3 | 0.8110 |
| EAA | 5 | 0.8451 | EAA_1 | 2 | 0.7998 |
| | | | EAA_2 | 3 | 0.8198 |
| ECA | 6 | 0.8213 | ECA_1 | 3 | 0.8012 |
| | | | ECA_2 | 3 | 0.8101 |
| ESGM | 3 | 0.8215 | ESGM_1 | 1 | 0.7220 |
| | | | ESGM_2 | 2 | 0.7835 |
| ESGT | 3 | 0.8215 | ESGT_1 | 1 | 0.7720 |
| | | | ESGT_2 | 2 | 0.8635 |

（2）探索性因子分析。探索性因子分析的目的主要是确保研究变量的单维度性，为此再次进行探索性因子分析。从表4-28可知8个维度不可再分是合理的。

表4-28 各潜变量的单维度检验

| 变量 | 因子数目 | 解释百分比（%） | KMO |
|------|------|------|------|
| IHC | 1 | 70.11 | 0.88 |
| OHC | 1 | 65.91 | 0.85 |
| ETA | 1 | 63.19 | 0.84 |

| 变量 | 因子数目 | 解释百分比（%） | KMO |
|------|---------|---------------|-----|
| ESI | 1 | 69.83 | 0.82 |
| EAA | 1 | 72.18 | 0.81 |
| ECA | 1 | 70.10 | 0.80 |
| ESGM | 1 | 70.20 | 0.72 |
| ESGT | 1 | 70.20 | 0.86 |

运用主成分分析法，提取特征值分析结果如表4-29所示。

表4-29 研究模型探索性因子分析

| 测量指标 | 因 子 | | | | | | | |
|---------|-------|-------|-------|-------|-------|-------|-------|-------|
| | 1 | 2 | 3 | 4 | 5 | 6 | 7 | 8 |
| IHC_1 | **0.791** | 0.026 | 0.015 | 0.012 | 0.004 | 0.034 | 0.021 | 0.004 |
| IHC_2 | **0.723** | 0.034 | 0.021 | -0.027 | 0.002 | 0.027 | 0.034 | 0.002 |
| IHC_3 | **0.745** | 0.041 | 0.034 | 0.004 | 0.041 | 0.029 | 0.041 | 0.041 |
| OHC_1 | 0.021 | **0.710** | 0.041 | 0.012 | 0.023 | 0.031 | 0.026 | 0.023 |
| OHC_2 | 0.034 | **0.721** | 0.007 | -0.027 | 0.025 | 0.041 | 0.034 | 0.025 |
| OHC_3 | 0.041 | **0.693** | 0.002 | 0.004 | 0.031 | 0.027 | 0.041 | 0.031 |
| ETA_1 | 0.012 | 0.031 | **0.726** | 0.041 | 0.041 | 0.025 | 0.042 | 0.023 |
| ETA_2 | -0.027 | 0.022 | **0.712** | 0.021 | 0.026 | 0.021 | 0.023 | 0.025 |
| ESI_1 | 0.004 | 0.061 | 0.002 | **0.740** | 0.034 | 0.023 | 0.025 | 0.031 |
| ESI_2 | 0.002 | -0.027 | 0.041 | **0.752** | 0.041 | 0.042 | 0.031 | 0.022 |
| EAA_1 | 0.041 | 0.032 | 0.023 | 0.029 | **0.720** | 0.012 | 0.024 | 0.061 |
| EAA_2 | 0.023 | 0.034 | 0.021 | 0.031 | **0.690** | 0.017 | 0.013 | 0.021 |
| ECA_1 | 0.025 | 0.041 | 0.034 | 0.041 | 0.022 | **0.710** | 0.025 | 0.034 |
| ECA_2 | 0.031 | 0.043 | 0.043 | 0.027 | 0.061 | **0.650** | 0.031 | 0.041 |
| ESGM_1 | 0.022 | 0.023 | 0.012 | 0.025 | -0.027 | 0.025 | **0.590** | -0.032 |
| ESGM_2 | 0.061 | 0.091 | 0.045 | 0.064 | 0.032 | 0.031 | **0.690** | 0.006 |
| ESGT_1 | -0.027 | 0.027 | 0.023 | -0.025 | 0.037 | 0.022 | 0.025 | **0.770** |
| ESGT_2 | 0.032 | 0.026 | 0.025 | 0.032 | 0.022 | 0.026 | 0.031 | **0.820** |

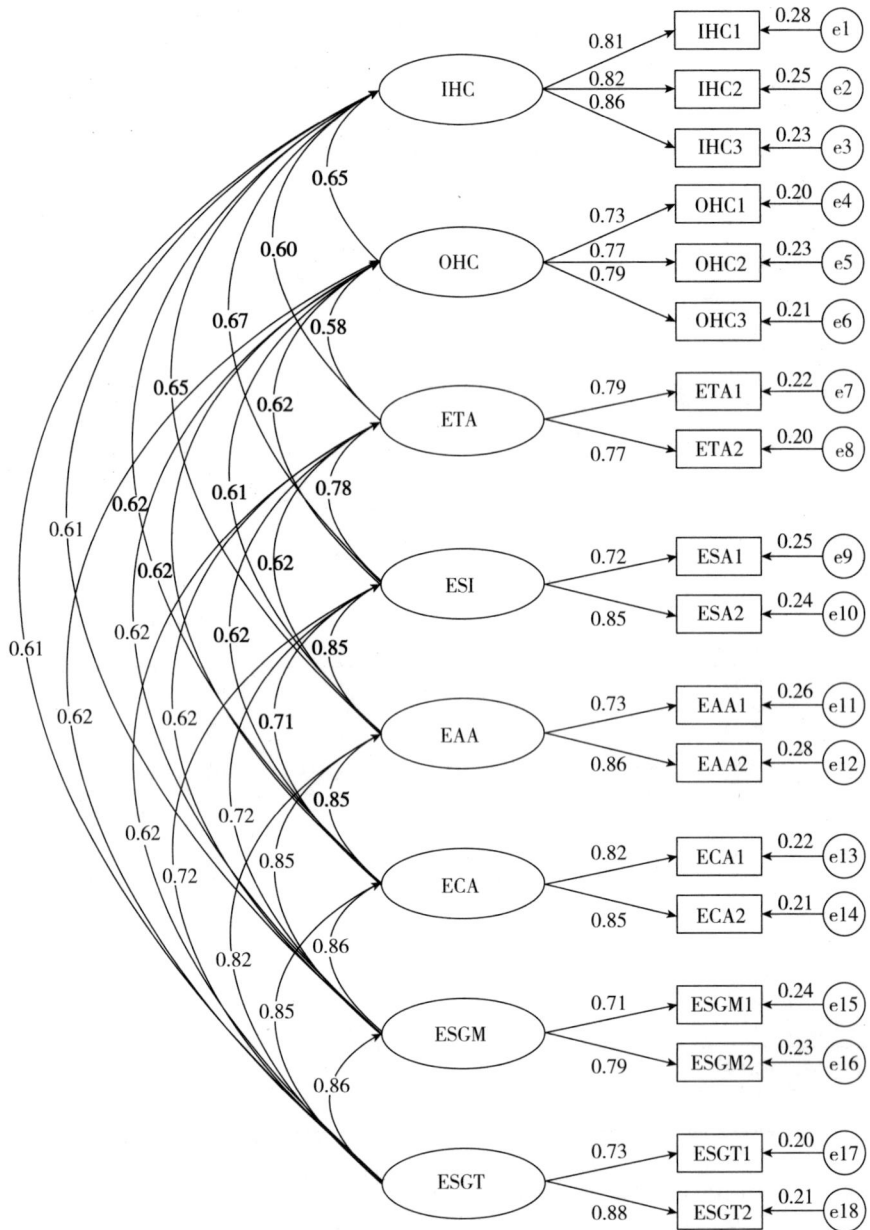

Chi-Square=290.10，df=120，P-value=0.00041，RMSEA=0.031

图 4 - 2　验证性因子分析结果

从表4-29可以看到，负荷都大于0.5，表示各变量维度之间具有很好的区别效度。ESGM和ESGT数值分别为0.590和0.690及0.770和0.820，可以看出市场导向数值偏低，技术导向偏高。也说明了技术导向为主更持久，更有利于知识转化形成隐性人力资本。

（3）验证性因子分析。验证性因子分析结果如图4-2所示。测量模型的各指标都达到了规定值，依据Steiger（1990）的研究可知，模型与数据的拟合状况良好。

从表4-30可以看出，负荷量均接近0.7的标准值。而且各个潜变量的平方差都超过了0.5的标准（P<0.001）。说明理论模型各概念具有较高的内部一致性信度。

表4-30　理论模型各变量的收敛效度分析

| 潜变量名称 | 观测变量代码 | 标准化因子负荷 | T值 | SMC | 标准化误差项 | 平均方差提取量 | 组成信度 |
|---|---|---|---|---|---|---|---|
| IHC | IHC_1 | 0.81 | 11.50 | 0.90 | 0.28 | 0.6231 | 0.7630 |
| | IHC_2 | 0.82 | 9.71 | 0.88 | 0.25 | | |
| | IHC_3 | 0.86 | 9.89 | 0.89 | 0.23 | | |
| OHC | OHC_1 | 0.73 | 10.11 | 0.83 | 0.20 | 0.6534 | 0.7413 |
| | OHC_2 | 0.77 | 10.02 | 0.76 | 0.23 | | |
| | OHC_3 | 0.79 | 9.57 | 0.78 | 0.21 | | |
| ETA | ETA_1 | 0.79 | 12.01 | 0.85 | 0.22 | 0.7123 | 0.7210 |
| | ETA_2 | 0.77 | 12.04 | 0.84 | 0.20 | | |
| ESI | ESI_1 | 0.72 | 10.12 | 0.83 | 0.25 | 0.7322 | 0.7101 |
| | ESI_2 | 0.85 | 11.12 | 0.85 | 0.24 | | |
| EAA | EAA_1 | 0.73 | 9.67 | 0.81 | 0.26 | 0.7121 | 0.7402 |
| | EAA_2 | 0.86 | 9.98 | 0.80 | 0.28 | | |
| ECA | ECA_1 | 0.82 | 11.01 | 0.79 | 0.22 | 0.7293 | 0.8410 |
| | ECA_2 | 0.85 | 12.02 | 0.80 | 0.21 | | |

| 潜变量名称 | 观测变量代码 | 标准化因子负荷 | T值 | SMC | 标准化误差项 | 平均方差提取量 | 组成信度 |
|---|---|---|---|---|---|---|---|
| ESGM | ESGM_1 | 0.71 | 8.02 | 0.69 | 0.24 | 0.7181 | 0.7431 |
| | ESGM_2 | 0.79 | 8.11 | 0.73 | 0.23 | | |
| ESGT | ESGT_1 | 0.73 | 9.62 | 0.72 | 0.20 | 0.7981 | 0.8431 |
| | ESGT_2 | 0.88 | 12.01 | 0.82 | 0.21 | | |

说明此概念具有良好的区别效度，分析结果汇总如表4-31所示。

**表4-31　理论模型变量的区别效度分析**

| 潜变量 | IHC | OHC | ETA | ESI | EAA | ECA | ESGM | ESGT |
|---|---|---|---|---|---|---|---|---|
| IHC | 0.7893 | | | | | | | |
| OHC | 0.6521 | 0.8083 | | | | | | |
| ETA | 0.6012 | 0.5890 | 0.8439 | | | | | |
| ESI | 0.6523 | 0.6250 | 0.7810 | 0.8556 | | | | |
| EAA | 0.6214 | 0.6120 | 0.6931 | 0.7121 | 0.8438 | | | |
| ECA | 0.6121 | 0.6231 | 0.6231 | 0.7293 | 0.8210 | 0.8539 | | |
| ESGM | 0.6127 | 0.6236 | 0.6238 | 0.7299 | 0.8217 | 0.8543 | 0.8642 | |
| ESGT | 0.6127 | 0.6236 | 0.6238 | 0.7299 | 0.8217 | 0.8543 | 0.8642 | 0.8687 |

### 4.3.3　验证假设和检验模型

（1）相关性分析。回归分析和结构方程模型（SEM）相关分析是用于描述两个变量之间的密切程度。进行结构方程检验之前，先进行相关性分析，分析数据见表4-32。通过分析，假设各变量都显著相关，而且都符合研究假设中设定的正负方向，因此，假设得到了初步验证。

表4－32 基于相关系数的假设检验

| 变量 | IHC | OHC | ETA | ESI | EAA | ECA | ESGM | ESGT |
|------|------|------|------|------|------|------|------|------|
| IHC | 1.000 | | | | | | | |
| OHC | 0.6521** | 1.000 | | | | | | |
| ETA | 0.6012** | 0.5890** | 1.000 | | | | | |
| ESI | 0.6523** | 0.6250** | 0.7810** | 1.000 | | | | |
| EAA | 0.6214** | 0.6120** | 0.6931** | 0.7121** | 1.000 | | | |
| ECA | 0.6121** | 0.6231** | 0.6231** | 0.7293** | 0.8210** | 1.000 | | |
| ESGM | 0.6221** | 0.6032** | 0.6130** | 0.7261** | 0.8010** | 0.8210** | 1.000 | |
| ESGT | 0.6221** | 0.6032** | 0.6130** | 0.7261** | 0.8010** | 0.8210** | 0.8311** | 1.000 |

注：**代表在5%的显著水平上显著。

（2）回归分析。以上相关分析只能检验两个变量之间的显著相关性，为了同时检验多个变量之间的显著相关性，本书运用 Lisrel 8.7 软件对调研数据进行了分析。根据 Baron 和 Kenney 建议的方法，采用回归分析法是逐步回归分析的，分析结果如表4－33所示。

表4－33 基于回归分析的假设检验

| 因变量 | 自变量 | 模型系数 | | 系数检验 | | 模型参数 | | |
|------|------|------|------|------|------|------|------|------|
| | | B | Beta | T | Sig. | $R^2$ | 容忍度 | Durbin－Watson |
| ECA | ETA | 0.458 | 0.361 | 4.27 | 0.000 | 0.522 | 0.462 | 2.163 |
| | ESI | 0.378 | 0.338 | 3.29 | 0.000 | | 0.416 | |
| | EAA | 0.359 | 0.334 | 4.570 | 0.000 | | 0.397 | |
| ECA | IHC | 0.345 | 0.325 | 3.276 | 0.302 | 0.413 | 0.347 | 1.997 |
| | OHC | 0.342 | 0.331 | 4.230 | 0.000 | | 0.416 | |
| | ESGM | 0.341 | 0.332 | 4.130 | 0.210 | | 0.416 | |
| | ESGT | 0.341 | 0.332 | 4.230 | 0.000 | | 0.416 | |

| 因变量 | 自变量 | 模型系数 | | 系数检验 | | 模型参数 | | |
|---|---|---|---|---|---|---|---|---|
| | | B | Beta | T | Sig. | R² | 容忍度 | Durbin - Watson |
| ECA | ETA | 0.410 | 0.319 | 4.432 | 0.000 | 0.597 | 0.411 | 2.014 |
| | ESI | 0.252 | 0.351 | 4.123 | 0.000 | | 0.396 | |
| | EAA | 0.217 | 0.247 | 4.264 | 0.000 | | 0.408 | |
| | ESGM | 0.237 | 0.2678 | 4.464 | 0.216 | | 0.408 | |
| | ESGT | 0.361 | 0.332 | 4.130 | 0.000 | | | |
| | IHC | 0.326 | 0.376 | 3.941 | 0.215 | | 0.410 | |
| | OHC | 0.369 | 0.262 | 3.212 | 0.302 | | 0.366 | |
| ETA | IHC | 0.299 | 0.257 | 3.216 | 0.215 | 0.412 | 0.389 | 1.998 |
| | OHC | 0.310 | 0.327 | 3.123 | 0.001 | | 0.368 | |
| ESI | IHC | 0.341 | 0.331 | 2.867 | 0.301 | 0.479 | 0.400 | 1.979 |
| | OHC | 0.322 | 0.327 | 3.123 | 0.001 | | 0.398 | |
| EAA | IHC | 0.327 | 0.327 | 2.789 | 0.213 | 0.519 | 0.339 | 1.923 |
| | OHC | 0.299 | 0.267 | 2.431 | 0.001 | | 0.367 | |
| OHC | IHC | 0.350 | 0.334 | 3.259 | 0.000 | 0.489 | 0.377 | 1.989 |

通过分析数据可知，各因变量的解释程度较高，各自变量的容忍度均大于0.1，DW值都接近2，说明不存在多元共线问题。

通过分析系数检验的 Sig. 数值可知，H1a、H2a、H3a 没有得到支持，也就是个人隐性人力资本与专有团队隐性人力资本形成能力、隐性知识创新共享能力、隐性人力资本积累能力之间的关系没有得到支持。经过分析本书认为专有团队隐性人力资本形成能力主要体现的是企业组织作为主体的综合能力，反映的是整个企业组织中团队特殊的能动性及核心作用力。个人隐性人力资本只有通过组织才能体现其影响力。隐性知识创新共享能力、隐性人力资本积累能力没有得到支持，也说明个人隐性人力资本只有通过转化为组织隐性人力资本才能提升企业核心竞争力。为此决定将 H1a、H2a、H3a 删除。同时企业核心竞争力和隐性人力资本（个人或组织）的直接作用关系也没有得到支持，说明隐性人力资本对核心竞争力不是直接作用的，是由调节变量调节的，故将 H5a 也删除。

从表 4-33 中可以看到，战略市场导向作用对核心竞争力也没有得到完全支持，代表市场导向的 H6b 也予以删除，H6c 得到了支持，I6a 得到了部分支持。说明隐性人力资本形成作用力基于技术层面更稳固，对知识转化形成隐性人力资本对提升核心竞争力更持久。这也为企业发展指明了方向，企业发展不能靠市场短期行为，需要靠长期技术研发。这也说明技术导向对隐性人力资本和企业核心竞争力之间起到调节作用。

经过删除项后，得到最后验证模型如图 4-3 所示。

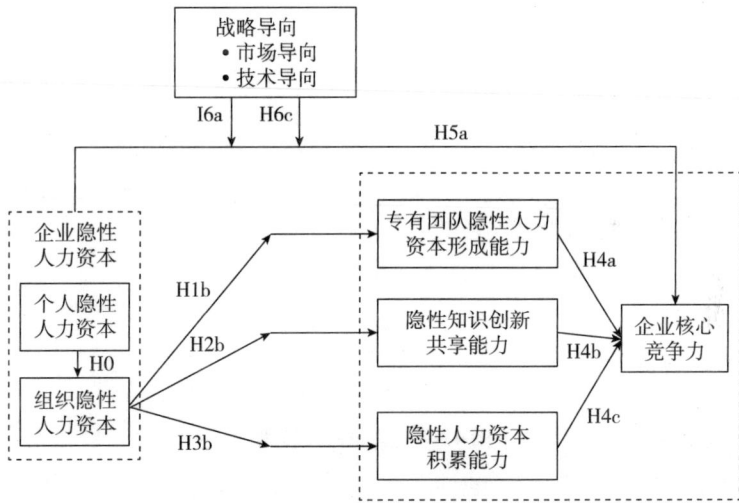

**图 4-3 验证后的隐性人力资本对企业核心竞争力作用的关系模型**

（3）结构方程模型分析。结构方程模型不仅可以对单一路径进行参数估计，而且还可以进行更进一步地修整和优化，回归分析方法进行的只是单因变量，结构方程模型对多自变量的分析更有利于对模型全面进行验证。

本书依据结构方程运算要求，首先将理论模型转化为图 4-3 所示的结构方程表达式。研究的理论模型共包括 7 个变量，分别为：个人隐性人力资本（$\xi_1$）、组织隐性人力资本（$\eta_0$）、专有团队隐性人力资本形成能力（$\eta_1$）、隐性知识创新共享能力（$\eta_2$）、隐性人力资本积累能力（$\eta_3$）、核心竞争力（$\eta_4$）、战略导向（技术）（$\eta_5$）。除了隐性人力资本是假设自变量之外，其他变量都是假设因变量。

以上经过回归分析筛选后，建立了如图 4-4 所示的结构方程模型的 9 个因果关系表示：

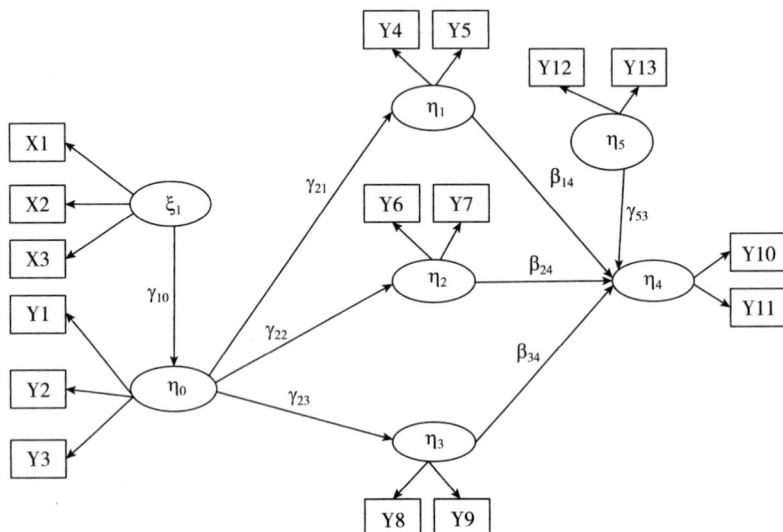

**图 4-4 理论假设模型**

注：个人隐性人力资本（$\xi_1$）、组织隐性人力资本（$\eta_0$）、专有团队隐性人力资本形成能力（$\eta_1$）、隐性知识创新共享能力（$\eta_2$）、隐性人力资本积累能力（$\eta_3$）、核心竞争力（$\eta_4$）、战略导向（技术）（$\eta_5$）。X 和 Y 为各个潜在变量的测量指标，其中 X1 为 IHC_1，X2 为 IHC_2，X3 为 IHC_3；Y1 为 OHC_1，Y2 为 OHC_2，Y3 为 OHC_3，Y4 为 ESI_1，Y5 为 ESI_2，Y6 为 EAA_1，Y7 为 EAA_2，Y8 为 ECA_1，Y9 为 ECA_2，Y10 为 ETA_1，Y11 为 ETA_2，Y12 为 ESGM_1，Y13 为 ESGM_2。以上经过回归分析筛选后，还剩余 8 个假设，可由结构方程模型的 8 个因果关系表示：H0 可以由图中的 $\gamma_{10}$ 来表示；H1b 可以用图中 $\gamma_{21}$ 来表示；H2b 可以用图中 $\gamma_{22}$ 来表示；H3b 可以用图 $\gamma_{23}$ 来表示；H4a 可以用 $\beta_{14}$ 来表示；H4b 可以用 $\beta_{24}$ 来表示；H4c 可以用 $\beta_{34}$ 来表示；H6c 可以用 $\gamma_{53}$ 作为调节变量。

1）模型评价。

本书使用 Lisrel 8.7 软件对调研数据进行了处理，如图 4 - 5 所示。

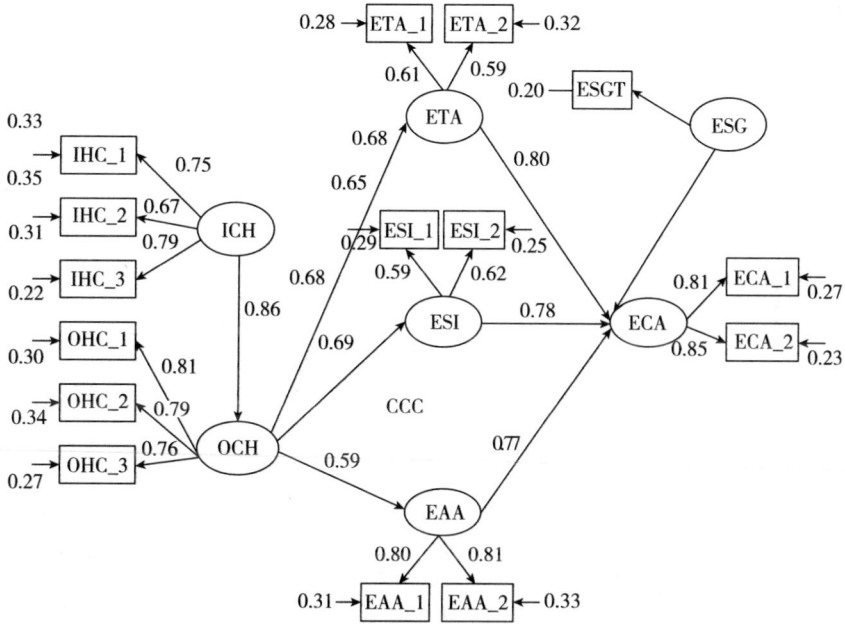

Chi-Square=293.10,　df=122,　P-value=0.00041,　RMSEA=0.032

**图 4 - 5　理论模型假设结构方程分析结果**

结构方程模型的拟合指标为：$\chi^2/df = 2.40$，RMSEA = 0.032，GFI = 0.945，AGFI = 0.921，RMR = 0.086，CFI = 0.935，根据 Hewett 和 Bearden 的建议，这些指标表明了模型具有较好的拟合优度，模型可以接受。

2）假设检验。

理论模型中变量之间的关系及其统计检验如表 4 - 34 所示。

**表 4 - 34　理论模型中变量之间的关系及其统计检验**

| 假设代码 | 作用关系 | 代码 | 估计参数 | 估计值 | T 值 | 结果 |
|---|---|---|---|---|---|---|
| H0 | IHC→OHC | $\xi_1 \to \eta_0$ | $\gamma_{10}$ | 0.86 | 6.3 | 支持 |
| H1b | OHC→ETA | $\eta_0 \to \eta_1$ | $\gamma_{21}$ | 0.68 | 7.0 | 支持 |

| 假设代码 | 作用关系 | 代码 | 估计参数 | 估计值 | T值 | 结果 |
|---|---|---|---|---|---|---|
| H2b | OHC→ESI | $\eta_0 \to \eta_2$ | $\gamma_{22}$ | 0.69 | 7.0 | 支持 |
| H3b | OHC→EAA | $\eta_0 \to \eta_3$ | $\gamma_{23}$ | 0.59 | 6.3 | 支持 |
| H4a | ETA→ECA | $\eta_1 \to \eta_4$ | $\beta_{14}$ | 0.80 | 8.1 | 支持 |
| H4b | ESI→ECA | $\xi_1 \to \eta_4$ | $\beta_{24}$ | 0.78 | 7.8 | 支持 |
| H4c | EAA→ECA | $\xi_1 \to \eta_4$ | $\beta_{34}$ | 0.77 | 7.5 | 支持 |
| H6c | ESGT→ECA | $\eta_4 \to \eta_1$ | $\gamma_{52}$ | 0.65 | 7.0 | 支持 |

理论模型进行了实证检验，研究结果表明：

隐性人力资本分类的两个维度之间存在影响关系。个人隐性人力资本对组织隐性人力资本的路径系数达到了0.86，表现出非常显著正向作用，这也说明个人隐性人力资本对企业知识转化能力的影响是个人隐性人力资本和组织隐性人力资本共同作用的结果。通过分析可知个人隐性人力资本除了直接作用于隐性知识创新共享能力和隐性人力资本积累能力之外，更多的是通过作用于组织隐性人力资本来对三个知识转化能力进行影响作用。可见个人隐性人力资本转化为组织隐性人力资本更会发挥作用。这为企业管理提供了非常重要的管理建议：企业组织必须建立共同的组织愿景，实现个人的集体观念。

组织隐性人力资本对专有团队隐性人力资本形成能力具有直接显著的正向作用。组织隐性人力资本对专有团队隐性人力资本形成能力路径系数为0.68，表现出较强的显著正向作用。组织隐性人力资本强调的是一种与隐性知识转化能力或与隐性人力资本密切相关的要素，强调有效协调经济活动对组织核心竞争能力的影响。专有团队隐性人力资本是组织隐性人力资本的形成基础。组织中成员之间的团队信息通过知识转化能力关系及时识别、获取、积累，有利于企业组织准确执行决策，超越其他企业，创造竞争优势。这为企业管理提供了非常重要的管理建议：注重专有团队是企业人力资本核心的人才培养观。

组织隐性人力资本对隐性知识创新共享能力有正向作用。组织隐性人力资本对隐性知识创新共享能力的路径系数为0.69，表现出较强的显著正向作用。隐性知识创新共享能力是企业组织隐性人力资本的核心动力源。隐性知识共享能力有利于组织快速搭建共同交流平台，快速提高隐性知识在组织内部的扩散力。通过扩散力的共同积聚，又可提升组织内部知识转化能力，进而提高知识创新能力，形成不被外间组织及时模仿和赶超的能力，形成组织的核心能力。这为企业管理提供了非常重要的管理建议：努力将彼得·圣吉的学习型组织理论渗透到企业中。

组织隐性人力资本对隐性人力资本积累能力具有直接显著的正向作用。组织隐性人力资本对隐性人力资本积累能力的路径系数为0.59，表现出较强的显著正向作用。组织隐性人力资本体现隐性人力资本在组织的存量增加或内部价值增值的过程。内部价值增值是质量改变的体现。隐性人力资本积累能力不仅体现了隐性人力资本投资能力，也体现组织载体活力，即积聚能力；也是组织隐性人力资本最终价值的体现。通过对组织隐性人力资本的投资，不断促进互补性知识的协同衍化，实现以技术和管理为代表的知识转化核心能力的提升，提高组织的分析和准确决策能力，促进隐性人力资本的积累。这为企业管理提供了非常重要的管理建议：企业隐性人力资本的存量和质量提升促进了隐性人力资本积累观念。

专有团队隐性人力资本形成能力是核心竞争力的形成基础。专有团队隐性人力资本形成能力对核心竞争力的路径系数为0.80，表现出非常强的显著正向作用。但从以上数据分析可见，个人隐性人力资本影响较小。通过本书第2章研究表明，内蒙古呼包鄂"金三角"经济带专有性团队隐性人力资本的不断形成，造就了经济带的特色企业文化，打造了进军国际化团队，也可通过以上路径分析得知，内蒙古呼包鄂"金三角"经济带的成功离不开团队人力资本的积累和积聚。内蒙古呼包鄂"金三角"经济带各企业团队的成功，当然也离不开个人隐性人力资本依托对内蒙古呼包鄂"金三角"经济带企业组织的创新文化作用，可以说企业的成功，不是某个个人的成功，而是企业团队隐性人力资本价值作用的结果。组织隐性人力资本对企业核心竞争力的提升，实质是专有团队人力资本形成能力的提升。通过专有团队以技术和管理为代表的知识转化能力，提升企业难以被外间模仿和赶超的能力，这就是内蒙古呼包鄂"金三角"经济带国际化成功的根本所在。这为企业管理提供了非常重要的管理建议：提升组织隐性人力资本的积聚作用，打造优秀的专有团队。

隐性知识创新共享能力是核心竞争力形成的传递能力。隐性知识创新共享能力对核心竞争力的路径系数为0.78，表现出非常强的显著正向作用。实际上，核心竞争力就是企业隐性知识积累在有效组织协调基础上，实现快速转化、创新、激活与运用的过程。通过知识的高效转化，可使核心竞争力得到提升。同时隐性知识创新共享能力，容易形成企业的核心价值观和优秀的组织文化。这为企业管理提供了非常重要的管理建议：建立隐性知识保护与知识创新共享互动机制。

隐性人力资本积累能力是核心竞争力形成的动态能力。隐性人力资本积累能力对核心竞争力的路径系数为0.77，表现出非常强的显著正向作用。隐性人力资本的动态性为企业积聚人才提出建议，要求企业不断创新，不断学习，加强企业组织的环境净化能力。这也要求企业在发展过程中要加强员工能力培养，吸收优秀人才，不能够只顾市场导向，不注重产品研发。这为企业管理提供了非常好的管理建议：防止隐性人力资本贬值，创新企业管理人力资本的有效激励途径，即明确人力资本的产权管理特性及剩余索取权。

战略导向以技术导向为主，是长期稳态导向，更有利于知识转化形成隐性人力资本提升企业核心竞争力。战略导向与专有团队隐性人力资本形成能力及隐性知识创新共享能力路径系数分别为0.65。说明，隐性人力资本对核心竞争力作用以技术导向为主要调节方向，通过专有团队隐性人力资本形成能力及隐性知识创新共享能力间接调节。说明技术导向是长期导向，更有利于知识转化为隐性人力资本。这为企业提供的管理建议是企业要着眼于加大技术研发提升核心竞争力，不搞市场短期行为。

## 4.4　本章小结

本章在对国内外文献术评中，对企业能力理论做了回顾，认为知识转化为企业隐性人力资本的形成三类作用有三类：知识的复杂度代表知识转化为团队隐性人力资本的形成过程；知识的模糊度代表知识显性和隐性的互动关系及对隐性人力资本的形成过程；系统性代表知识转化为隐性人力资本的积累过程。这也是通过知识转化形成隐性人力资本作用的三个基本因素。

　　通过开发初级量表及通过统计技术修正后获得正确的测量量表，通过统计技术分析和利用计算机软件技术对构建的理论模型进行了模型检验。通过检验测定假设模型得到了修正后的理论模型。同时对结果做了讨论并提出了管理建议：以战略技术为导向，长期培育隐性人力资本能够提升核心竞争力，为企业人力资源管理提出了管理建议。

# 第 5 章　隐性人力资本实践
应用案例探析

## 5.1　隐性知识创新共享破解人才流失问题案例分析

如何解决人才流失的现实问题?

在人才资本流动过程中,最容易流失和流失最频繁的是企业中高素质、掌握核心技术的稀缺人力资本。本书研究给出的建议是大力营造创新平台,使人才有用武之地。使人才人尽其才,物尽其用。

随着世界竞争的加剧,人才流动问题越来越快。对我国来说,尽最大可能吸引和保留稀缺的和高素质专业化的人力资本,对于我国获得竞争战略优势,提升国家核心竞争力具有关键的决定性意义。得人才者得天下。但在实际中,由于我国处于发展阶段,高素质专业化人力资本外流状况严重,批准留学的在学成后不能够及时回归。同时,由于我国目前许多方面发展不到位,无法及时提供高端人才实现其价值的高平台,致使国外一些高端人才不能够来我国创业。比如目前的芯片紧张以及国产大飞机因无法及时开发出最先进的发动机技术,一直无法解决量产等问题。从隐性人力资本理论出发,目前我国还需在技术导向下进行优化:

（1）加快有利于形成隐性人力资本的知识转化平台建设，充分挖掘国内隐性人力资本积聚能力，通过实现自主创新平台吸引国外人才回流，实现人尽其才。

（2）尽最大努力处理好人才在使用过程中的保健因素与内在激励的关系。既要对专业化高端人才提供必要充足的物资条件，又要搭建好内在的工作平台，建立一个自主创业和创新的公平、公正竞争机制。

总之，只有解决好以上问题，中国的人才外流问题才可以得到缓解，通过知识转化培育大量隐性人力资本，我国企业及国家真正实现核心竞争力的提升。

## 5.2　重视专有团队隐性人力资本形成作用案例分析

我国"蛟龙号"深潜7000米自主研发技术迈进国际领先行业。我国"蛟龙号"多次深度探测成功是我国国家层面对专有团队隐性人力资本长期培育的结果。从2002年立项开始，在徐芑南先生带领下的中国科研团队研制出了"蛟龙号"。从下潜1000米一直到7000米的海试成功，并在海底采集到了"海底黑色黄金"锰结核矿石，为我国深海探测技术研发及开展相关研究做出了不可磨灭的贡献。

知识转化形成隐性人力资本后，通过专有团队发挥作用为我国技术创新提供了非常好的实践途径。在我国"一带一路"倡议的指引下，核心创业团队的培育会发挥巨大的作用，对提升我国综合竞争力会带来不可估量的成就。

# 5.3　重视隐性人力资本积聚促进
# 经济带快速转型案例分析

内蒙古呼包鄂"金三角"经济带快速转型发展。本书基于内蒙古呼包鄂"金三角"经济带数据研究，得出结论：光有丰富的物资资源已经不是建立本地区竞争优势的唯一条件。内蒙古呼包鄂"金三角"经济带快速发展成为我国北方最活跃的经济地区，本质是通过积聚隐性人力资本，活化本地区人力资本生态的结果。通过积聚隐性人力资本的创新机制，本地区积聚了世界最先进的乳业加工技术和煤炭深加工技术。在稀土、铝、铜、钢铁冶炼技术领域独树一帜，为世界相关产业提供了典范。

人力资本是经济持续增长的源泉。隐性人力资本是人力资本中最重要的一部分，是人力资本最精华的部分。对内蒙古呼包鄂"金三角"经济带的崛起起着火箭助推剂作用，是保证区域经济快速高效发展的核心基础要素。如何实现区域乡村振兴是我们新时代又一需要解决的问题。核心是区域人民如何过上更富裕的生活。关键措施是创造条件使低收入者增加隐性人力资本投资，实现隐性人力资本积累问题。因此，隐性人力资本成为当今占有统治地位的个人收入分配理论，对实现乡村振兴战略具有决定性意义。

# 第6章 研究结论与展望

## 6.1 研究结论及建议

本书采用理论文献回顾与研究提出了隐性人力资本概念，通过设计量表、调查企业数据及利用统计技术对隐性人力资本构念维度及企业隐性人力资本形成对核心竞争力影响的理论模型等量表做了分析并进行了实证检验。研究得出如下结论：

（1）结论和建议一：

**结论：**隐性人力资本分类的两个维度之间存在正向影响关系。个人隐性人力资本、组织隐性人力资本是构成企业隐性人力资本的两个维度，是两个构成要素。通过整体变量检验发现，企业个人隐性人力资本对组织隐性人力资本具有显著正向作用。通过统计技术对测量量表分析，企业隐性人力资本模型得到了验证。

隐性人力资本分为两个维度。个体隐性人力资本对组织隐性人力资本的路径系数达到了0.86，表现出非常显著正向作用。通过分析可知个体隐性人力资本并非直接作用于专有团队隐性人力资本形成能力、隐性知识创新共享能力和隐性人力资本积累能力，而是通过形成组织隐性人力资本来对企业核心竞争力间接进行影响的。

**建议**：明确了隐性人力资本构成维度及相互复杂关系，企业要加大对个人隐性人力资本的投资，摒弃依靠市场短期行为发展的企业思路，依托培育高端人才、知识创新并转化为企业隐性人力资本是必由之路。

（2）结论和建议二：

**结论**：隐性人力资本在战略导向作用下形成的专有团队隐性人力资本形成能力，隐性知识创新共享能力，隐性人力资本积累能力三种能力就是形成的企业核心竞争力，通过统计技术对测量量表的分析，得到了验证支持。

本书在对国内外文献述评中，对企业能力理论做了回顾，认为知识转化为隐性人力资本的作用有三类：知识的复杂度代表知识转化为专有团队隐性人力资本的过程；本书认为企业隐性人力资本通过转化形成后，在战略导向作用下，专有团队隐性人力资本形成能力，隐性知识创新共享能力，隐性人力资本积累能力三种能力就形成了企业的核心竞争力。

**建议**：企业发展要依靠创新团队，加大知识创新共享平台实现隐性人力资本积累是保持企业竞争力不断提升的必由之路。这就要求企业在管理制度设计上必须做到公平、公正、合理。同时在保健和激励方面给予高端人才更好的关怀，使企业不断积聚高端人才，实现企业竞争力不断提升。

（3）结论和建议三：

**结论**：从企业战略导向测量量表信度分析可知，企业的战略导向中代表市场导向的题项"企业认为在产品具备生产条件后需迅速投放市场，以市场为主"被删除，没有得到支持，其余代表技术导向的题项得到了很好的信度。说明企业以市场为导向具有不确定性，技术导向对企业隐性人力资本发挥作用更长久，更有利于企业知识转化实现隐性人力资本形成，提升企业核心竞争力。

**建议**：企业不要一味墨守成规盲目追求市场利益，不注重科技研发，不注重人才培养最终会导致企业走向灭亡，在本书也给出了理论渊源印证。

# 6.2　研究主要创新点

本书深入探讨了企业隐性人力资本概念及构成维度及通过知识转化形成人力资本的内在机理以及隐性人力资本对核心竞争力的影响作用。与以前学者的研究相比，本书的研究主要有以下三个创新点：

**创新点一**：明确界定了企业隐性人力资本的概念，构建了隐性人力资本内部结构。

隐性人力资本是一个比较新的研究领域，国内外学者关注度较低，没有引起广泛注意，研究还处于概念和理论探讨阶段，对企业隐性人力资本的概念还没有统一的界定，也没有对隐性人力资本内部结构进行深入研究。为此，本书做了推进性研究，对隐性人力资本的概念做了明确的界定，隐性人力资本是指负载于企业个人身上的心理、特质、经验并能够带来价值增值的潜在能力。经过知识转化个人隐性人力资本形成组织隐性人力资本进而形成企业隐性人力资本，能够为企业持续提升核心竞争力。在此基础上，基于知识理论的显隐性划分及企业研究层面，将隐性人力资本划分为两个维度：个人隐性人力资本和组织隐性人力资本，又把研究的视角转向两个维度各自的子维度构成，其中个人隐性人力资本构成的子维度构成为个人智力水准、个人价值观以及个人社会关系，组织隐性人力资本的子维度构成为情感管理、技术研发协同意愿和组织社会关系，并系统分析了以知识转化形成的隐性人力资本内部维度和子维度之间的复杂关系。

**创新点二**：开发了企业隐性人力资本的构成维度测量量表并运用统计等方法做了验证。

经过文献研究发现，在国内外没有开发关于隐性人力资本的测量量表。为此，本书根据理论研究开发设计了包括个人隐性人力资本构成维度，即智力水准、个人价值观以及个人社会关系三个一级指标，以及组织隐性人力资本的构成维度，即情感管理、技术研发协同意愿和组织社会关系三个一级指标的题项库，共设计了76个题项。采用深度访谈、案例研究、专家评价的方法形成了包含31个题项的隐性人力资本概念和维度初始测量量表。为了更加准确地表述概念和维度，通过去粗取精，去伪存真，将问卷再次发放收集，利用统计方法和计算机软件技术做了测定，形成了包含24个精练题项的隐性人力资本概念和维度测定的正式量表。通过量表题项数据分析发现，指标具有高阶性，经过统计分析因子提取，发现具有二阶验证性因子，经过拟合度检验对隐性人力资本概念和维度做了验证。

**创新点三：**构建了企业隐性人力资本对核心竞争力的影响机理研究模型，通过统计等方法做了验证。

通过研究发现，企业隐性人力资本经过知识转化形成后，会形成专有团队隐性人力资本形成能力，隐性知识创新共享能力，隐性人力资本积累能力，这三种能力对企业提升核心竞争力具有生成作用。同时企业的战略导向会对隐性人力资本对核心竞争力的影响起到调节作用。基于这种机理研究，构建了企业隐性人力资本对企业核心竞争力的影响机理研究模型，同样采用量表开发并运用统计方法对模型进行了实证验证。


# 6.3　研究局限和展望


（1）研究局限：

第一，国外学者对隐性人力资本的研究较少，主要以国内学者研究为主。起源于20世纪末，21世纪初刚刚兴起，通过在知网上搜寻可知，最近几年研究有延缓的趋势。在本书的写作过程中，由于研究本领域的实战性理论较少，笔者始终感到基础理论的缺乏和实证研究的困难。在理论研究方面还需得到国内同类研究学者给予更进一步的指导。共同探讨隐性人力资本在企业创新发展制定人才战略方面的重要性。

第二，实证研究需要管理信息的不断完善。由于调研数据只局限于内蒙古呼包鄂地区，数据收集有待扩展到我国其他地区，使数据更有代表性。由于企业人力资源管理信息披露不完善，企业的行业、规模、企业生命周期等千差万别，导致研究数据获取不够全面。知识转化形成隐性人力资本研究是个新生领域，正处于初期发展阶段。隐性人力资本形成和作用等问题的分析还有待在今后的探索中进一步研究。

（2）研究展望：

第一，知识转化为企业隐性人力资本的价值计量有待日后研究。企业如何对隐性人力资本进行激励性投资，如何对投资产出进行计量，值得进一步探索。特别是隐性人力资本股权化的相关配套制度建设如何与企业隐性人力资本累积机制相匹配，有待进一步研究。

第二，由于企业外部变化对于企业的影响不能够忽略。本书虽然对隐性人力资本形成的影响因素及对核心竞争力作用过程的战略导向性做了实证研究，但对企业环境中其他影响因素有哪些，对隐性人力资本到底是如何影响的，有待以后进一步研究。

第三，本书在隐性人力资本的测量方法和量表开发上借鉴了国内外学者的研究思想成果。根据隐性人力资本形成基于知识转化动因分析总结出其构成维度，同时利用前人的研究思想开发出更加适用本研究的量表并设计了问卷。本人认为在调查问卷中有一些内容如拥有隐性资本的人力资源产权问题、管理问题、投资问题需要进一步分析研究。

# 参考文献

[1] Alavi M. , Leidner D. E. Review: Knowledge Management and Knowledge Management Systems Conceptual Foundations and Research Issues [J] . MIS Quarterly, 2011 (1): 107 – 136.

[2] Arrow. The Core Competitiveness of the Corporation [J] . Harvard Business Review, 2016 (68): 79 – 91.

[3] Axelrod R. Effective Choice in the Prisoner's Dilemma [J] . Journal of Conflict Resolution, 2011, 24 (9): 379 – 403.

[4] Babbie E. The Practice of Social Research [M] . CA: Belmont Wadsworth Pub, 1998.

[5] Barton. Capital and the Distribution of Income [M] . Amsterdam and Oxford, North – Holl and Publishing Company, 2013.

[6] Becker G. S. Intellectual Capital and the New Wealth of Nations [J] . I&II. Business Strategy Review, 1997, 8 (1): 53 – 62; 1964, 8 (4): 33 – 44.

[7] Becker G. S. , Murphy K. M. , Tamura R. Resource Cooptation via Social Contracting: Resource Acquisition Strategies for New ventures [J] . Strategic Management Journal, 1990 (11) .

[8] Blaug M. Intellectual Capital: The New Wealth of Organizations [M] . New York: Bantam Doubleday Dell Publishing GROUP, Inc. , 1976.

［9］ Bogue. Exploring Corporate Strategy ［M］. Financial Times/Pearson Education 6th edition, 2016.

［10］ Bontis N. A. Knowledge Management Process and International Joint Venture ［J］. Organization Science, 1996, 19 （4）: 454 – 468.

［11］ Bowman M. J. Can Ideas be Capital? Factors of Production in the Postindustrial Economy: A Review and Critique ［J］. Academy of Management Review, 1969, 32 （2）: 573 – 594.

［12］ Charles O' Reilly. Corporations Culture, and Commitment: Motivation and Social Control in Organization ［J］. Managing Human Resources , 2015: 10 – 19.

［13］ Christine Oliver. Substainable Competitive Advantage: Combing Institutional and Resource – based Views ［J］. Strategies Managemengt Journal, 2015 （13）: 111 – 125.

［14］ Churchill G. A. A Paradigm for Developing Better Measures of Marketing Constructs ［J］. Journal of Marketing Research , 2015, 16 （2）: 64 – 73.

［15］ Covne K. P. Effective Choice in the Prisoner's Dilemma ［J］. Journal of Conflict Resolution, 2011, 24 （9）: 379 – 403.

［16］ Cross Sproull. A Dynamic Theory of Organizational Knowledge Creation ［J］. Organization Science, 2015 （1）: 14 – 35.

［17］ David P. , Lopez J. Effective Choice in the Prisoner's Dilemma ［J］. Journal of Conflict Resolution, 2001, 24 （3）: 3 – 25.

［18］ Deloitte and Touche Conche Consulting. From E – learning to Enterprise – learning ［R］. New York: Deloitte Research, 2012.

［19］ Denison E. F. Our Company's Most Valuable Asset: Intellectual Capital ［J］. Fortune, 1962, 3 （10）: 68 – 74.

［20］ Duane Hellelofd, Bomard Imonnin. Effective Choice in the Prisoner's Dilemma ［J］. Journal of Conflict Resolution, 2013, 24 （3）: 3 – 25.

［21］ Fernando J. , Garrigos – simon, Daniel Palacios Margues. Competitive

Strategies and Performance in Spanish Hospitality Firms [J] . International Journal of Contemporary Hospitality Management, 2015, 17 (1): 22 – 38.

[22] Fiol C. M. Lyles M. A. Organizational Learning [J] . Academy of Management Review, 2013, 10 (4): 803 – 813.

[23] Fitz – Enz J. Managing Organizational Knowledge Integration in the Emerging Multimedia Complex [J] . Journal of Management Studies, 2000, 36 (3): 379 – 398.

[24] Frederick Herzebrg. The Motivation to Work [M] . New York: Wiley, 1959.

[25] Gerbing D. W. , Anderson J. C. An Updated Paradigm for Scale Development Incorporating Unidimensionality and Its Assessment [J] . Journal of Marketing Research, 2013 (25): 186 – 192.

[26] Gerry Johnson. Technical and Organizational Innovations, Economic and Societal Growth [J] . Technology in Society, 2012 (26): 67 – 84.

[27] Gilley J. W. , Eggland S. A. Principles of Human Resouce Development [D] . Cambridge, MA: Perseus Books, 2012: 120 – 121.

[28] Gilley J. W. , Maycunich A. Beyond the learning Organization: Creating a Culture of Continuous Growth and Development through State – of – the – Art Human Resource Practices [M] . Cambridge, MA: Persue Books, 2014.

[29] Howitt, Peter and Philippe Aghion. Capital Accumulation and Innovation as Complementary Factorsin Long – Run Growth [J] . Journal of Economic Growth. 2013 (6): 111 – 130.

[30] Hurley R. F. , Hult G. T. M. Innovivation, Market Orientation and Empirical Examination [J] . Journal of Market, 2013, 62 (3): 42 – 55.

[31] Jay B. Barney. Firm Resource and Sustained Competitive Advantage [J]. Journal of Management, 1991, 17 (1): 99 – 120.

[32] Julian L. Simon. The Ultimate Resource [M] . Princeton: Princeton Uni-

versity Press, 1981: 23.

[33] Kenneth M. Washer, Srinivas Nippani. Human Capital and the Balance Sheet [J]. Financial Counseling and Planning, 2015, 15 (1): 13 - 21.

[34] Leonard Barton D. Capabilities and Core Rigidities: A Paradox in Managing New Productive Development [J]. Strategies Management Journal, 2013 (13): 111 - 125.

[35] Marquardt M. Action Learning in Action: Transforming Problems and People for World Class Organizational Learning [M]. Palo Alto: Davies - Black Publishing, 2015.

[36] Marquardt M. Action Learning Organization [M]. New York: Mcgraw - Hill, 2013.

[37] Mayer C. Corporate Governance, Competition and Performance [R]. OECD Economics Department Working Paper, Paris: OECD, 1966: 164 - 172.

[38] Meger M. H., Utterback J. M. Knowledge Integration Processes and Dynamics within the Context of Cross - functional Projects [J]. International Journal of Project Management, 2013 (21): 168 - 174.

[39] Michael Polanyi. The Tacit Dimension [M]. Garden City, NY: Doubleday, 1966.

[40] Mincer J. J. Human Capital Theory: Implication for Human Resource Development [J]. Human Resource Development International, 1962, 7 (4): 545 - 551.

[41] Morrison, Alan D., Wilhelm, William J. Culture, Competence and the Corporation [R]. Working Paper, 2011.

[42] Murphy. Sustaining Enterprise Competitiveness - Is Human Capital the Answer? [J]. Human Systems Management, 2016, 19 (3): 193.

[43] Nonaka, Ikujiro, Takeuchi, Hirotaka. How Japanese Companies Creat the Dynamics of Innovation [M]. New York: Oxford University Press, 2013.

[44] Nonaka. I. A Dynamic Theory of Organizational Knowledge Creation [J].
Organization Science, 1991 (1): 15 – 16.

[45] Pascharopoulos G., Woodhall M. Developing a Model for Managing Intellectual Capital [J]. European Management Journal, 1985, 14 (14): 336 – 364.

[46] Penrose E. T. The Theory of the Growth of the Firm [M]. New York: Wiley, 1959: 348 – 355.

[47] Petter Westnes. Evaluating Intellectual Capital in the Hotel Industry [J].
Journal of Intellectual Capital, 2013, 4 (3): 287 – 303.

[48] Prahalad, Hamel. The Company's Core Competitiveness [J]. Journal of Management Studies, 1990, 36 (3): 377 – 392.

[49] Raffa. A Knowledge Management Process and International Joint Venture [J]. Organization Science, 2011, 19 (4): 454 – 468.

[50] Raghu Garud, Nayyar. Transformative Capacity: Continual Structuring by Intertemporal Technology Transfer [J]. Strategic Managemengt Journal, 1994 (15): 365 – 358.

[51] Richard Lynch. Managing Organizational Knowledge Integration in the Emerging Multimedia Complex [J]. Journal of Management Studies, 2012, 36 (3): 379 – 398.

[52] Richard L., Daft. Organizational Information Requirements, Media Richness and Structural Design [J]. Managment Science, 2015, 32 (3): 554 – 560.

[53] Rita Almeida, Pedro Carneiro. The Return to Firm Investments in Human Capital [R]. World Bank Discussion Paper, No. 0822. 2013.

[54] Robert Lucas. On the Mechanism of Economic Development [J]. Journal of Monetary, 2012.

[55] Romanelli E. Environments and Strategies of Organization Start – up: Effects on Early Survival [J]. Administrative Science Quarterly, 2011 (34): 369 – 387.

［56］ Romer P. M. Risk, Uncertainly and Profit ［M］. New York: Augustus M. Kelley, 1987.

［57］ Romer P. M. Risk, Uncertainly, and Profit ［M］. New York: Augustus M. Kelley, 1989.

［58］ Schein E. H. Coming to a New Awareness of Organizational Culture ［J］. Sloan Management Review, 2014 (25): 3 – 16.

［59］ Schultz T. Investment in Human Capital ［J］. American Economic Review, 1961 (51): 1 – 17.

［60］ Schultz T. W. Investment in Human Capital ［J］. American Economic Review, 1961 (51): 1 – 17.

［61］ Siegall M. The Effect of Technological Self – Efficiacy and Job Focuson Job Performance, Attitud and Withdrawal Behaviors ［J］. Journal of Psychonology, 2012, 126 (5): 465 – 475.

［62］ Steiger J. H. Structure Model Evaluation and Modification: An Interval Estimation Approach ［J］. Multivariate Behavioral Research, 2015, 25 (2): 173 – 180.

［63］ Syed – Ikhsan S. O., Rowland F. Knowledge Management in a Public Organization: A Study on the Relationship between Organizational Elements and Performance of Knowledge Transfer ［J］. Journal of Knowledge Management, 2015, 8 (2): 95 – 111.

［64］ Tan J. J., Lischert R. J. Environment – strategy Relationship and its Performance Implication: An Eprirical Study of the Chinese Electronics Industry ［J］. Strategic Managemengt Journal, 2017, 15 (1): 1 – 20.

［65］ Teece D. J., Pisano G., Shuen A. Firm Capabilities, Resources and the Concept of Strategy ［R］. Consortium on Competitiveness and Cooperation, Working Paper JHJ 90 – 9. University of California at Berkeley, Center for Research in Management, Berkeley, CA, 2011.

［66］Tontti. Measuring the Involvement Construct ［J］. Journal of Consumer research，2015，12（12）：341 – 352.

［67］Venkatraman N. Strategic Orientation of Business Enterprises：The Construct，Dimensionality，and Measurement ［J］. Management Science，2016，35（8）：942 – 962.

［68］William G. Ouchi. Organizational Economics：Toward a New Paradigm for Understanding and Studying Organizations ［M］. San Francisco：Jossey – Bass，1986.

［69］Yeung A. K.，Ulirich D. O.，Nason S. W.，Ginlow M. A. V. Organizational Learning Capability：Generating and Generalizing Ideas with Impact ［M］. New Kork：Oxford University，2013.

［70］CIO 杂志编委会. 托马斯·达文波特管理思想精髓 ［J］. 2009（2）：26 – 30.

［71］艾凌宇. 研究知识转移促进知识创新 ［G］. 中国知识管理中心，2012：5.

［72］包金玲. 基于 SECI 模型的人力资本转化机制研究 ［J］. 预测，2010（6）：1 – 5.

［73］本明宽. 好感学：摄取自我感情的价值 ［M］. 西安：陕西人民出版社，2012.

［74］彼得·F. 德鲁克. 管理的实践 ［M］. 齐若兰译. 北京：机械工业出版社，2006.

［75］彼得·圣吉. 第五项修炼：学习型组织的艺术与实务 ［M］. 郭进隆译. 上海：上海三联出版社，1998.

［76］陈树文，郭殿东. 基于无限次重复博弈的企业隐性人力资本积累研究 ［J］. 科技进步与对策，2012，29（15）：96 – 99.

［77］陈树文，郭殿东. 企业内知识转化促进人力资本积累的博弈分析 ［J］. 科技进步与对策，2011，28（18）：136 – 140.

［78］陈树文，郭殿东. 隐性人力资本促进企业竞争力提升的作用机理——

知识转化视角的研究［J］．领导科学，2012（23）：12－16.

［79］辞海编委会．辞海［M］．上海：上海出版社，2016.

［80］德威利斯．量表编制（理论与应用）［M］．重庆：重庆大学出版社，2004.

［81］丁栋虹．企业社会资本的功效结构：基于中国上市公司的实证研究［J］．中国工业经济，2007（2）．

［82］丁向阳．人才竞争战略［M］．北京：蓝天出版社，2015.

［83］丁增辉．高校知识管理中共享机制研究［D］．中南民族大学，2013.

［84］范明，戚文举．企业家人力资本的核心竞争力作用机理研究［J］．江苏大学学报（社会科学版），2013（11）：85－88.

［85］冯子标．论"社会主义资本"［J］．中国社会科学，2010（3）：47－61.

［86］桂昭明．经济增长的源泉：人力资本、研究开发与技术外溢［J］．中国社会科学，2015（2）：32－46.

［87］郭玉林．隐性人力资本的度量［J］．中国工业经济，2012（7）：84－90.

［88］何承金．企业家人力资本成长环境分析［J］．科技与管理，2010（6）：53－56.

［89］何海涛，刘慧娟．企业人力资本的科学定位与功能分析［J］．江汉大学学报（人文科学版），2011（6）：22－27.

［90］侯凤云，李焕龙．企业团队人力资本研究［J］．管理现代化，2016（4）.

［91］黄继刚．核心竞争力：未来企业竞争的基础［J］．经济管理，2012（8）.

［92］冀明飞．中小企业知识转移活动与企业绩效关系的实证研究［D］．重庆大学，2013（5）：15－17.

［93］蒋满霖．魁奈经济著作选集［M］．北京：商务印书馆，2004.

［94］杰里·W.吉雷，安梅楚尼奇．组织学习、绩效与变革［M］．康青译．北京：中国人民大学出版社，2015.

［95］库姆斯.15 至 18 世纪的物质文明、经济和资本主义：第 2 卷［M］. 施康强等译.上海：三联书店出版社，1993.

［96］兰玉杰.企业家社会网络：特征、演化及创业贡献［J］.中南财经政法大学学报，2009（5）：106 – 110.

［97］李宝元.人力资本运营［M］.北京：企业管理出版社，2001.

［98］李冬琴，黄晓春.智力资本：概念、结构和计量述评［J］.科学学研究，2013（1）：210 – 214.

［99］李冬琴.智力资本与企业绩效的关系研究［D］.浙江大学，2013.

［100］李汉通.企业隐性人力资本存量价值计量方法研究［J］.中国流通经济，2013（6）：55 – 57.

［101］李建民.人力资本积累与经济增长模型分析［J］.华南师范大学学报（社会科学版），2010（3）：134 – 139.

［102］李顺才，周志皎，邹珊刚.基于知识流的企业核心能力形成模式研究［J］.华中科技大学学报，2015（4）：192.

［103］李晓尘.企业智力资本对组织绩效的影响研究［D］.大连：大连理工大学博士学位论文，2010.

［104］李悠成，陶正毅.企业如何保护核心能力的载体——无形资产［J］.对外经济贸易大学学报，2010（4）：49 – 52.

［105］李忠民.企业家人力资本形成分析［J］.当代财经，2007（8）：70 – 73.

［106］李忠民.人力资本——一个理论框架及其对中国一些问题的解释［M］.北京：经济科学出版社，1999.

［107］刘飚.业务流程评价指标体系研究［J］.华中科技大学学报（自然科学版），2015，33（94）：112 – 114.

［108］刘萍，孙宁云，张运婷.企业战略导向对人力资本投资的影响分析［J］.经济体制改革，2012（4）：99 – 102.

［109］刘善球.论人力资本性质与特征的理论渊源及其发展［J］.中国社

会科学，2010（6）：33 - 46.

［110］刘文，罗永泰．资本构成的演变：从知识资本到隐性人力资本［J］．现代管理科学，2008（7）：25 - 28.

［111］刘文．企业隐性人力资本形成和作用机理研究［M］．北京：中国经济出版社，2010.

［112］刘英杰．基于隐性知识管理的企业核心竞争力研究［D］．武汉：华中师范大学硕士学位论文，2009.

［113］刘迎秋．人力资本积累与企业收入增长互动效应［J］．重庆大学学报，2011（2）：157 - 160.

［114］刘玉斌．高技能人才隐性人力资本的界定与形成机理研究［J］．现代财经，2008（5）：43 - 48.

［115］马歇尔．经济学原理（上）［M］．北京：商务印书馆，1964.

［116］［美］迈克尔波特．国家核心竞争力［M］．李明轩，邱如美译．北京：中信出版社，2007：452 - 455.

［117］莫志宏．1970 年以来的西方经济学［M］．北京：经济科学出版社，2005.

［118］彭勇涛．企业家精神与企业核心能力的塑造［J］．科技管理研究，2013（1）.

［119］曲晓飞．基于顾客价值构建竞争优势的理论与方法研究［D］．大连理工大学，2003.

［120］权锡鉴．资本的双重性与企业社会责任［J］．马克思主义与现实，2009（2）：153 - 156.

［121］芮明杰，陈晓静，王国荣．公司核心竞争力形成过程：一个函数模型分析［J］．科研管理，2008（1）：60 - 65.

［122］芮明杰，郭玉林．智力资本激励的制度安排［J］．中国工业经济，2002（90）：64 - 69.

［123］芮明杰．产业竞争力的"新钻石模型"［J］．社会科学，2005（4）.

［124］石伟．组织文化［M］．上海：复旦大学出版社，2014．

［125］史东明．我国中小企业集群的效率改进［J］．中国工业经济，2010（2）．

［126］隋广军，曹洪涛．企业家社会资本及对企业绩效的作用［J］．安徽师范大学学报，2002（1）．

［127］王金营．资本范畴再认识［J］．经济问题，2003（11）：17－19．

［128］王士红，彭纪生．基于隐性知识转移的知识管理研究［J］．科学管理研究，2014（12）：82－84．

［129］魏杰．人力资源与人力资本［M］．北京：企业管理出版社，2001．

［130］温海池．科学认识资本与劳动关系的重要理论——重温《雇佣劳动与资本》的启示［J］．高校理论战线，2008（5）：16－23．

［131］吴明隆．结构方程模型：AMOS 的操作与应用［M］．重庆：重庆大学出版社，2009．

［132］邢薇．知识管理视角下的共享型教研组研究［D］．华东师范大学，2012：10．

［133］熊义杰．现代博弈论基础［M］．北京：国防工业出版社，2015．

［134］亚当·斯密．国民财富的性质和原因的研究（上卷）［M］．郭大力，王亚南译．北京：商务印书馆，1972：344－345．

［135］闫旭晖．基于系统思想探析企业竞争优势构建［J］．商场现代化，2007（1）．

［136］姚宝刚．西方知识资本理论评述［J］．经济科学，2015（2）：98－103．

［137］姚数荣，张耀奇．人力资本交易原理［M］．北京：社会科学文献出版社，2008．

［138］姚数荣，张耀奇．人力资本与区域经济增长［M］．杭州：浙江大学出版社，2013．

［139］姚艳红．知识流动机理的三维分析模式［J］．研究与发展管理，

2013（15）：39 - 43.

［140］野中郁次郎，竹下弘久．创新求胜［M］．北京：科学出版社，1995.

［141］叶正茂，叶正欣．组织人力资本论——人力资本理论的拓展研究与应用［M］．上海：复旦大学出版社，2014.

［142］伊迪比·潘罗斯．企业成长理论［M］．赵晓译．上海：上海人民出版社，2007：21.

［143］易法敏．知识形成企业动态核心能力的机制［J］．经济问题探索，2015：3.

［144］余荣建．马克思恩格斯全集：第26卷第1册［M］．北京：人民出版社，2005.

［145］岳斌．企业家精神与企业核心能力的塑造［J］．科技管理研究，2003（1）：56 - 60.

［146］曾繁华．跨国公司全球技术开发竞争力绩效评价指标研究［J］．科学进步与对策，2017，24（1）：53 - 55.

［147］翟丽．企业知识创新管理［M］．上海：复旦大学出版社，2013.

［148］赵明，聂正安．组织间知识转移对企业知识创新影响的研究［D］．广东商学院，2013（10）：1 - 2.

［149］赵云昌．人力资本的专有性及其制度设计［J］．财经研究，2014（1）：52 - 56.

［150］郑美群，吴燕．基于资力资本的高技术企业绩效评价［J］．华东师大学报（哲学社会科学版），2014（4）：60 - 66.

［151］郑伟，王月红．潜在人力资本转化模型的研究［J］．可技管理研究，2014（4）：26 - 29.

［152］周福战．基于知识的高新技术企业人力资源管理研究［D］．大连：大连理工大学博士学位论文，2011.

［153］朱宇，李新春．企业家人力资本与企业经营［J］．经济评论，2016（2）：12 - 16.

# 附录 A 隐性人力资本半结构化 深度访谈提纲

1. 隐性人力资本基于什么？知识转化为隐性人力资本你认为对企业的优势是什么？

2. 在企业中隐性人力资本的构成维度如何划分？这些构成隐性人力资本因素的所有者是谁？这些因素促进了贵公司的利润、管理提升了吗？

3. 这些构成因素在企业中体现在什么方面？贵公司在生产经营过程中认为这些因素会发生作用吗？

4. 个人与组织团队合作，知识创新共享及知识积累对企业会带来什么？

5. 贵公司如何重视隐性人力资本的持有和创新？

6. 个人隐性人力资本是如何形成、转化和创造的？

7. 个人隐性人力资本的特性是什么？员工个人智力水准、个人价值观以及个人社会关系充分发挥在本企业中，你认为重要性如何？

8. 个人隐性人力资本流失对企业会带来什么后果？企业采取什么措施留住这些资产？企业管理者对隐性人力资本的流失会给企业带来丧失竞争力的危害，进而招致企业灭亡的观点完全理解了吗？

9. 企业组织对个人隐性人力资本的保持会起到什么作用？如何保持？企业情感管理、技术研发协同意愿和组织社会关系会给公司发展带来什么动力？本企业对管理企业发展核心能力资产和对外交流持什么态度？

10. 个人隐性人力资本和组织隐性人力资本会给企业带来多大程度的竞争优势，通过形成什么能力保持强劲的核心竞争力？专有团队隐性人力资本形成能力、企业知识创新共享能力、企业隐性人力资本积累能力是保持企业核心竞争力的核心能力吗？

11. 你对创业团队是如何理解的？它的作用如何？

12. 隐性人力资本形成后具有战略导向作用吗？

13. 市场导向和技术导向哪个更具有促使企业建立竞争优势，提升核心竞争力的导向作用？

14. 对企业发展战略乃至国家战略的制定会提供什么样的理论支持？

15. 隐性人力资本通过何种方式会激发企业长久保持竞争力而不僵化？

# 附录 B 企业隐性人力资本调查问卷(正式)

**尊敬的女士/先生:您好!**

人才是企业竞争力的源泉,人力资本已经超越物质资本和金融资本,成为企业发展和提升竞争力的最重要资源,企业间的竞争归根结底是人力资本的竞争,人力资本价值正在得到越来越多企业的认同。

感谢您在百忙中参与我们的调查,我们的调查目的是想了解在知识转化背景下企业隐性人力资本形成和提升企业核心竞争力问题的基本情况,了解影响隐性人力资本的形成因素,为组织的人力资本运行提供理论和实践支持。

您的回答对我的本次调查非常重要。希望您能够根据自己的真实看法和实际经验来回答相关问题,根据您所掌握的情况填写如下问卷,请不要遗漏任何一项,在此我保证所获取的资料用于科学研究,严格保密,我们对您的支持和帮助表示衷心的感谢!

如果您需要,我们会及时将问卷调查的分析结果予以反馈,如在填写过程中有任何疑问,欢迎您与我们联系,邮箱:yzhiguonuer@163.com。

# 第一部分　基本信息调查

希望您能提供您的个人及所在公司的基本资料以帮助我们研究有关问题，请您根据真实情况回答。

1. 性别：□ 男　　　　　　　　　□ 女

2. 年龄：□18～24 岁　　□25～34 岁　　□35～44 岁　　□45～55 岁　　□55 岁以上

3. 学历：□高中　　□大专　　□本科　　□硕士及以上

4. 您目前所在企业状况？

| 年均营业收入（元） | 代码 | 企业所有权性质 | 代码 |
|---|---|---|---|
| 5000 万以下 | 1 | 国有 | 5 |
| 5000 万～1 亿 | 2 | 民营 | 6 |
| 100000001～5 亿 | 3 | 上市 | 7 |
| 5 亿以上 | 4 | 合资 | 8 |
| 员工数量 | 代码 | 您的职务 | 代码 |
| 100 人以下 | 9 | 高层管理/技术人员 | 14 |
| 100～500 人 | 10 | 中层管理/技术人员 | 15 |
| 501～1000 人 | 11 | 基层管理/技术人员 | 16 |
| 1001～5000 人 | 12 | 普通员工 | 17 |
| 5000 人以上 | 13 | 其他 | 18 |
| 行业 | 19 | 企划部门 | 27 |
| 钢铁、稀土 | 20 | 技术部门 | 28 |
| 电力 | 21 | 生产部门 | 29 |
| 煤炭开采及深加工 | 22 | 人力资源部门 | 30 |
| 铜铝有色冶炼 | 23 | 质量管理部门 | 31 |
| 乳业 | 24 | 销售部门 | 32 |
| 生物制药 | 25 | 其他部门 | 33 |
| 大数据 | 26 | / | / |

# 第二部分　隐性人力资本形成影响因素调查问卷

## 1. 个人隐性人力资本

| 序号 | 我认为： | 非常同意 | 比较同意 | 不确定 | 基本不同意 | 非常不同意 |
|---|---|---|---|---|---|
| 1 | 具备从事工作的知识和特殊技能 | 5 | 4 | 3 | 2 | 1 |
| 2 | 具备从事工作所需的不可模仿的经验 | 5 | 4 | 3 | 2 | 1 |
| 3 | 利用所学高效解决疑难问题 | 5 | 4 | 3 | 2 | 1 |
| 4 | 核心技术人员具备推动企业创新能力 | 5 | 4 | 3 | 2 | 1 |
| 5 | 员工具有强烈愿望融入专有团队工作，愿意贡献自己的力量 | 5 | 4 | 3 | 2 | 1 |
| 6 | 员工不遗余力开展技术研发，共同参与并相互学习技术长处 | 5 | 4 | 3 | 2 | 1 |
| 7 | 员工主动提出技术合理化建议及改进方案并加以实施，保持技术优势 | 5 | 4 | 3 | 2 | 1 |
| 8 | 员工具有较强加入技术研发团队的欲望，认为重大项目的完成需要团队的配合 | 5 | 4 | 3 | 2 | 1 |
| 9 | 员工之间在遇到技术难题时会互相帮助解决并加以总结共享 | 5 | 4 | 3 | 2 | 1 |
| 10 | 员工接收研发课题后会迅速达成默契进入工作状态，加强共享学习并制定正确技术路线 | 5 | 4 | 3 | 2 | 1 |
| 11 | 员工通过与客户保持较好的关系获取产品使用体验，不断提高产品市场优势 | 5 | 4 | 3 | 2 | 1 |
| 12 | 高层和国家专业研发机构保持良好的合作关系，不断追踪国内前沿技术 | 5 | 4 | 3 | 2 | 1 |

## 2. 组织隐性人力资本

| 序号 | 我认为： | 非常同意 | 比较同意 | 不确定 | 基本不同意 | 非常不同意 |
|---|---|---|---|---|---|---|
| 1 | 企业组织设置了便于个人信息传递的渠道，员工都能够主动沟通 | 5 | 4 | 3 | 2 | 1 |
| 2 | 企业组织建立高工作效率的各部门组合团队 | 5 | 4 | 3 | 2 | 1 |
| 3 | 企业内员工互相尊重 | 5 | 4 | 3 | 2 | 1 |
| 4 | 企业对员工的学习给予共享平台的大力支持 | 5 | 4 | 3 | 2 | 1 |
| 5 | 企业认同技术研发激励体系科学合理有效 | 5 | 4 | 3 | 2 | 1 |
| 6 | 企业提供足够的资源进行新产品研发并希望构建专有团队加强研发 | 5 | 4 | 3 | 2 | 1 |
| 7 | 企业拥有很多先进的技术工艺操作法和技术诀窍并长期给予制度激励加以提升 | 5 | 4 | 3 | 2 | 1 |
| 8 | 企业对核心技术和商标保护严格管理，不被竞争对手赶超 | 5 | 4 | 3 | 2 | 1 |
| 9 | 企业因长期专注于顾客使用价值并给予优质的售后服务，积累了很好的商誉 | 5 | 4 | 3 | 2 | 1 |
| 10 | 企业通过技术研发生产出了优质的产品，得到了客户的认可，增加了客户忠诚度 | 5 | 4 | 3 | 2 | 1 |
| 11 | 企业因在社会上有良好的商誉，金融机构在资金上给予了低成本融资，建立了非常好的信用关系 | 5 | 4 | 3 | 2 | 1 |
| 12 | 企业因有良好的市场表现并按时足额缴纳税款，政府给予科技项目优先审批，优先准入，优先建设，优先验收投产的特权，保持着很好的政企关系 | 5 | 4 | 3 | 2 | 1 |

# 第三部分　隐性人力资本形成的作用能力调查问卷

### 1. 企业专有团队隐性人力资本形成能力

| 序号 | 我认为： | 非常同意 | 比较同意 | 不确定 | 基本不同意 | 非常不同意 |
|---|---|---|---|---|---|---|
| 1 | 本企业拥有部门内部职能团队隐性人力资本形成的协同效应 | 5 | 4 | 3 | 2 | 1 |
| 2 | 本企业拥有不同部门项目团队隐性人力资本形成的比较优势 | 5 | 4 | 3 | 2 | 1 |
| 3 | 本企业拥有企业内部各种隐性人力资本形成的协同效应 | 5 | 4 | 3 | 2 | 1 |
| 4 | 本企业拥有高层管理团队隐性人力资本形成的比较优势 | 5 | 4 | 3 | 2 | 1 |
| 5 | 本企业认为专有性人力资本是组织隐性人力资本形成的基础 | 5 | 4 | 3 | 2 | 1 |
| 6 | 本企业认为专有性人力资本是企业核心竞争力的源泉 | 5 | 4 | 3 | 2 | 1 |

### 2. 企业隐性知识创新共享能力

| 序号 | 我认为： | 非常同意 | 比较同意 | 不确定 | 基本不同意 | 非常不同意 |
|---|---|---|---|---|---|---|
| 1 | 本企业能够及时把捕捉到的对企业发展有利的信息进行推广 | 5 | 4 | 3 | 2 | 1 |
| 2 | 本企业能够快速将外部知识共同消化吸收 | 5 | 4 | 3 | 2 | 1 |
| 3 | 本企业能够将新知识和已有知识有效融合并提升 | 5 | 4 | 3 | 2 | 1 |
| 4 | 本企业能够将新知识在组织内广泛推广 | 5 | 4 | 3 | 2 | 1 |
| 5 | 本企业能够及时将新知识转化到企业生产实践中 | 5 | 4 | 3 | 2 | 1 |
| 6 | 本企业能够对新知识进行创新 | 5 | 4 | 3 | 2 | 1 |

### 3. 企业隐性人力资本积累能力

| 序号 | 我认为： | 非常同意 | 比较同意 | 不确定 | 基本不同意 | 非常不同意 |
|---|---|---|---|---|---|---|
| 1 | 本企业能够及时将隐性人力资本投资到位 | 5 | 4 | 3 | 2 | 1 |
| 2 | 本企业能够快速将关键技术隐性人力资本积聚 | 5 | 4 | 3 | 2 | 1 |
| 3 | 本企业能够长期保持人力资本存量和质量 | 5 | 4 | 3 | 2 | 1 |
| 4 | 本企业能够长期建立"干中学"激励机制 | 5 | 4 | 3 | 2 | 1 |
| 5 | 本企业能够长期建立激励机制吸引优秀人才 | 5 | 4 | 3 | 2 | 1 |

# 第四部分　企业核心竞争力调查问卷

| 序号 | 我认为： | 非常同意 | 比较同意 | 不确定 | 基本不同意 | 非常不同意 |
|---|---|---|---|---|---|---|
| 1 | 企业团队形成的凝聚力比竞争对手强，从而技术研发能力强 | 5 | 4 | 3 | 2 | 1 |
| 2 | 企业新产品研发专有团队比竞争对手强，从而投资回报率高 | 5 | 4 | 3 | 2 | 1 |
| 3 | 企业创新能力比竞争对手强，从而技术整合及延展能力强 | 5 | 4 | 3 | 2 | 1 |
| 4 | 企业构建了强大的交流研发共享平台，不断研发出新技术 | 5 | 4 | 3 | 2 | 1 |
| 5 | 企业组织管理能力和环境整合能力强，从而不断吸收培养高技能人才 | 5 | 4 | 3 | 2 | 1 |
| 6 | 企业构建了企业家和战略管理团队之间良好的文化氛围 | 5 | 4 | 3 | 2 | 1 |

## 第五部分　企业战略导向（市场）调查问卷

| 序号 | 我认为： | 非常同意 | 比较同意 | 不确定 | 基本不同意 | 非常不同意 |
|---|---|---|---|---|---|---|
| 1 | 企业认为以市场为主，技术研发为辅 | 5 | 4 | 3 | 2 | 1 |
| 2 | 企业营销能力强，竞争优势大 | 5 | 4 | 3 | 2 | 1 |
| 3 | 企业认为多吸收营销人才是一项战略决策 | 5 | 4 | 3 | 2 | 1 |

## 第六部分　企业战略导向（技术）调查问卷

| 序号 | 我认为： | 非常同意 | 比较同意 | 不确定 | 基本不同意 | 非常不同意 |
|---|---|---|---|---|---|---|
| 1 | 当企业有被其他竞争对手赶超的风险时总能够及时研发出新技术保持领先 | 5 | 4 | 3 | 2 | 1 |
| 2 | 当企业发现政府对本行业产品的准入机制发生变化等外间环境牵制时，总能通过本身技术研发适应政府禁令 | 5 | 4 | 3 | 2 | 1 |
| 3 | 在进行战略决策时，经常设法研究出新技术产品并打造出新品牌 | 5 | 4 | 3 | 2 | 1 |

# 附录 C  企业隐性人力资本测量问卷设计研究案例

| 产业分类 | | 支柱代表企业 | 2001 年前 隐性人力资本状况 | 2018 年 隐性人力资本状况 | 发展战略 |
|---|---|---|---|---|---|
| 电力系统 | | 内蒙古电力集团 | 高技能人才严重流失 | 注重研发团队培养 | 专有团队人力资本先导 |
| （煤）化工 | | 内蒙古伊泰集团 | 高技能人才储备严重不足 | 注重研发团队培养产业升级转移 | 专有团队人力资本先导，以培养研发和科技创新人才为核心；企业注重人力资本积累能力培养 |
| 钢铁有色冶炼 | | 包钢及希望铝 | 高技能人才严重流失和不足 | 注重研发团队培养，实现产业升级，增强市场竞争力 | 知识创新共享提升，实施内部人才整合和吸引优秀企业人才 |
| 装备制造 | | 内蒙古一二机厂 | 高技能人才严重流失 | 注重研发团队培养实现产业升级，增强市场竞争力 | 知识共享平台构建，内部人才整合和吸引优秀企业人才 |
| 畜牧乳制品加工 | | 伊利集团 | 人力资源教育水平较低 | 注重研发团队培养，吸纳大量高科技研发人才 | 通过专利知识保护，打造国际化发展平台 |
| 特色产业 | | 包头稀土产业区 | 高技能人才缺乏 | 注重研发团队培养 | 高端人才引进战略，利用融资渠道摆脱产业困境 |

· 147 ·

# 附录 D  主要符号表

| 符号 | 代表意义 | 单位 |
|---|---|---|
| $f_i$ | 因子 | |
| $a_{ij}$ | 载荷因子 | |
| $e_i$ | 残差 | |
| AGFI | 调整后适配度指数 | |
| RMR | 残差方差平均值的平方根 | |
| RMSEA | 评价适配度的指标 | |
| NFI | 规范适配指数 | |
| CFI | 比较适配指数 | |
| IFI | 对 NFI 指标的修正 | |
| RFI | 由 NFI 衍生而来的指标 | |
| $D_j$ | 第 j 题得分的方差 | |
| VIF | 膨胀因子值 | |
| T | 总体 | |
| df | 自由度 | |

# 后　记

本书基于本人在大连理工大学研读博士期间的学术成果写作而成。

时光飞逝，一晃就是十年。在此，感慨颇多。首先感谢大连理工大学给我提供的学习平台。在这宝贵的十年学习生涯中，我的知识得到了升华。为此，感谢在学习期间所有帮助过我的人，是他们的热情鼓励让我不断接近完成学业的目标。

首先，感谢我尊敬的导师陈树文教授，本书是在导师的悉心指导下完成的，从开题、组织结构的确定及多次反复修改，观点聚焦，实证分析，到最终成稿，每一阶段都得到了导师耐心的点拨。特别是对本书研究企业隐性人力资本及对核心竞争力的问题，导师给予了特别细心的指导，原因是国内外学者在这方面研究较少，很难挖掘创新点。特别是从导师所著《周易中的领导智慧》中对"议理"和"事典"的诠释可见，导师对人生处世的真谛和领导智慧法则的真知灼见，体现了导师对人生观的思想。

感谢大连理工大学管理学院的各位授课老师：苏敬勤教授、董大海教授、肖洪钧教授等在学习期间传授的教学知识，感谢王尔大教授、苏敬勤教授、秦国志教授、迟国泰教授、徐雨森教授、崔淼教授、宿长海老师、武春友教授、汪克夷教授等对本书给予的指导帮助。同时感谢校外老师内蒙古工业大学李长青教授、长青教授、内蒙古科技大学张璞教授、郝戊教授给予的细心和热情的指导。

感谢我的师兄弟、师姐妹和同学们，感谢侯二秀、苏木亚、张迪、刘洛、姜洋、姜滨滨等同窗好友在学业和生活上给予的大力帮助，每每遇到困难，是他们给予了鼓励，在我迷茫时，是他们给予了无穷的力量，鼓舞我克服了许多困难。

感谢我的爱人和女儿对我博士期间学习和论文写作的大力支持，由于我学业及工作的繁忙，没有给予她们更多的陪伴以及对她们工作和学业上的帮助。我一定不会辜负她们对我的付出，同时在以后的治学过程中多多帮助她们工作和学业，以弥补我读书期间缺少的陪伴。

"书山有路勤为径，学海无涯苦作舟。"知识的学习是个永无止境的过程，在追求学习的过程中，但愿利用我的学习所得，能够在实践中发挥作用，为自己从事的工作尽点绵薄之力！

大连理工大学是一座治学严谨的学府。通过近十年的学习，让我从浮躁变得沉稳；从愚钝变得睿智；不只是知识得到了深化，更主要的是让我再次树立了人生目标：做一个诚实而又有趣味的人，做一个有责任感并对社会关怀的人，做一个热爱自己事业并为之不懈奋斗的人。